Susanne Pypke

Das Bastelbuch für die Allerkleinsten

Frühling

Inhalt

Lasst uns den Frühling begrüßen!

Die Tage werden länger, die Luft wird wärmer und überall in der Natur sprießen die schönsten Farben. Ganz klar: Der lang ersehnte Frühling ist da! Und mit ihm kommen die Blumen und Blüten, die Hummeln und Bienen – und natürlich Meister Lampe, besser bekannt als Osterhase!

Nach einem langen und dunklen Winter macht der Frühling Lust auf Neues. Und was liegt da näher, als ein paar schöne Sachen zu basteln, um unser Zuhause zu schmücken? Wie wäre es mit Schneeglöckchen aus Wollresten, einem frischen Tulpen-Print oder echter Flowerpower aus Krepppapier? Für das Osterfest kneten wir niedliche Hasen mit Plüschohren, bekleben ein Lämmchen mit fluffiger Watte oder basteln kleine Schachteln in Form einer Möhre. Und natürlich lassen wir bunte Schmetterlinge fliegen, Traktoren knattern und Wolken ziehen.

Die Frühlingsbasteleien in diesem Buch sind kunterbunt und machen gute Laune. Schon die Kleinsten können mit den Fingern Farbe tupfen, einfache Formen ausschneiden und beim Basteln verschiedenste Materialien kennenlernen. So kommt zum Spaß ganz nebenbei das Erlernen neuer Techniken hinzu. Das Buch ist extra nach Materialien in vier Kapitel aufgeteilt. Und die Grundanleitung am Ende des Buches erklärt die wichtigsten Basistechniken. So findet sich jeder schnell zurecht und hat garantiert ein Erfolgserlebnis.

Ich wünsche viel Spaß beim Basteln, Entdecken und Dekorieren!

Susanne Pypke

PAPIER,
PAPPE
& CO.

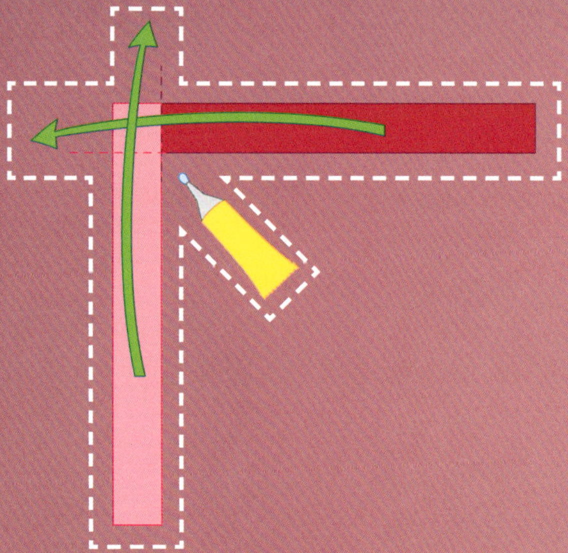

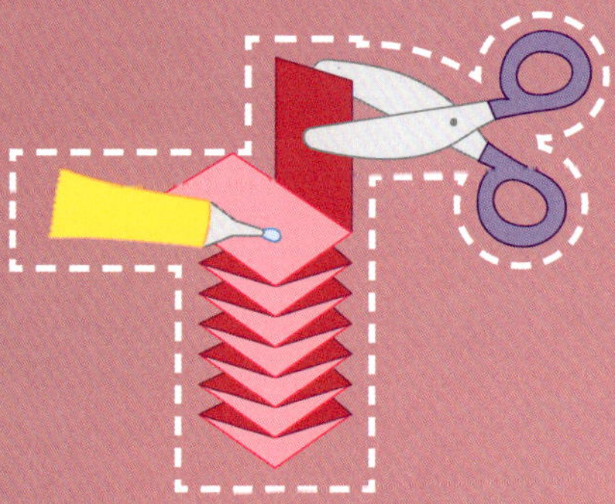

1 Klebe die Papierstreifen an einem Ende im rechten Winkel aufeinander und falte sie immer abwechselnd über die Klebestelle, sodass die Hexentreppe entsteht.

2 Den letzten Abschnitt oben wieder festkleben und eventuell überstehende Streifenenden abschneiden.

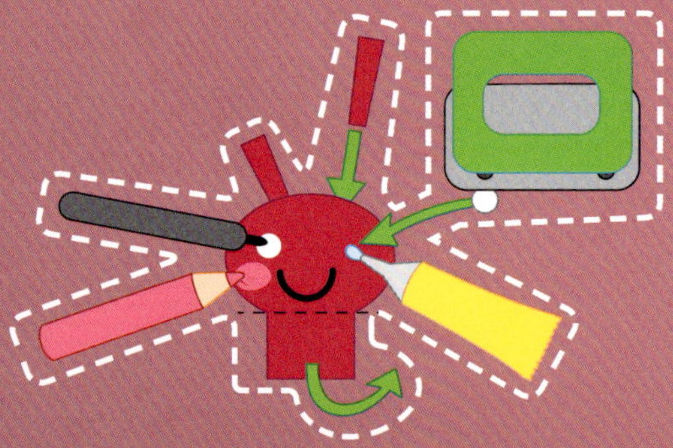

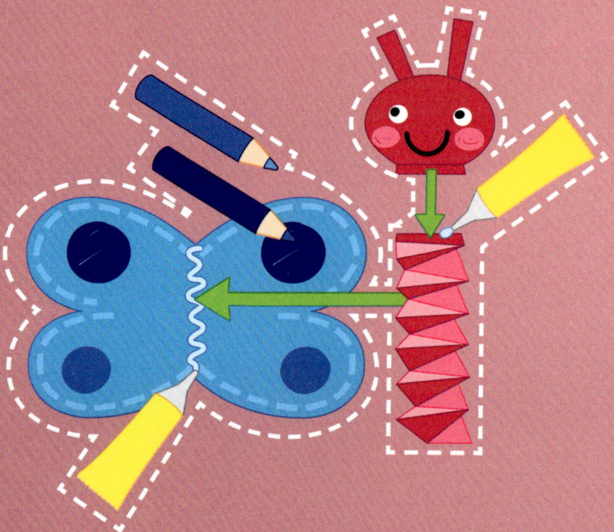

3 Den Kopf und die Fühler aus den Tonpapierresten ausschneiden. Die Klebefläche am Kopf nach hinten falten. Zwei Punkte aus dem Schreibpapier ausstanzen und als Augen aufkleben. Das Gesicht aufmalen und die Fühler ankleben.

4 Schneide die Flügel aus und bemale sie mit den Buntstiften. Dann klebst du den Kopf oben auf die Hexentreppe und die Hexentreppe mittig auf die Flügel. Gut trocknen lassen.

Schmetterlinge

DU BRAUCHST

* 2 Tonapierstreifen, z. B. in Rot und Rosa, 2 cm x 29,5 cm
* Tonpapierreste, z. B. in Blau, Grün und Rot
* Schreibpapier in Weiß
* Bürolocher
* Filzstift in Schwarz
* Buntstifte
* Bastelkleber
* Schere

Vorlage auf Seite 70

TIPP

Die eckigen Flügel lassen sich leichter ausschneiden. Die Vorlage gibt es ebenfalls auf **Seite** 70.

Herzen

1 Klebe drei Papierstreifen am rechten Ende bündig aufeinander. Unten liegt ein langer Streifen, darüber kommt ein mittlerer und obenauf ein kurzer.

2 Klebe dann die linken Enden der Streifen auf die rechten. Beginne mit dem kurzen Streifen, danach folgt der mittlere und zuletzt der lange. Es entsteht eine Tropfenform.

3 Wiederhole die Schritte mit den anderen drei Papierstreifen und klebe dann beide Tropfen zu einem Herz zusammen.

TIPP
Klebe zwischen den beiden Tropfen einen Faden zum Aufhängen ein.

DU BRAUCHST

* Tonpapierstreifen in drei Grün-, Blau- oder Rot-Tönen, 2,5 cm breit, 2x 15 cm, 2x 12 cm und 2x 9 cm lang
* Klebstoff

Marienkäfer

2 Knicke das obere Ende des Tonkartonstreifens 1 cm breit nach hinten um. Und dann noch einmal nach 7 cm. Danach schließt du den Streifen zum Ring und klebst die Augen und Fühler auf den 1 cm breiten Abschnitt.

1 Lege den Tonkartonstreifen aufrecht vor dich hin und male auf das untere Ende einen Mund. Klebe die Wackelaugen und zwei schmale Tonkartonstreifen als Fühler an.

3 Schneide aus rotem Tonkarton mithilfe der Vorlage einen Kreis aus und schneide ihn in zwei Hälften. Klebe dann jeweils drei Pompons auf und klebe die Flügel auf den schwarzen Ring.

DU BRAUCHST

* Tonkarton in Rot, 10 cm x 10 cm
* Tonkarton in Schwarz, 4,5 cm x 21 cm und Rest
* 6 Pompons in Schwarz, ø 1,5 cm
* 2 Wackelaugen, ø 1 cm
* Buntstift in Rosa
* Bastelkleber
* Schere
* Bleistift
* Lineal

Vorlage auf Seite 70

TIPP
Du kannst die schwarzen Punkte auch einfach mit Filzstift aufmalen.

Strahlende Sonne

DU BRAUCHST

* Tonkarton in Zitronengelb, A5
* Papierreste in Gelbtönen, z. B. Tonkarton, Tonpapier, Designkarton, Motivpapiere
* 2 Wackelaugen, ø 1,5 cm
* Klebstoff
* Schere
* Filzstift in Schwarz
* Buntstift in Rot
* Untertasse
* Bleistift

1 Lege die Untertasse auf den Tonkarton, umfahre sie mit dem Bleistift und schneide den Kreis mit der Schere aus.

2 Klebe die Augen auf, male mit Filzstift einen Mund und röte die Backen mit dem Buntstift.

3 Schneide die übrigen Papiere in etwa 1 cm breite und 7 cm lange Streifen.

4 Bestreiche die Streifen an einem Ende mit Klebstoff und klebe sie von hinten an die Sonne.

Hasen

TIPP
Eine ganze Hasenbande: Vergrößere und verkleinere die Vorlage und mache viele bunte Hasen in verschiedenen Größen, mal von vorn, mal von hinten.

1 Zeichne den Hasen mithilfe der Vorlage auf dem Tonkarton an und schneide ihn aus.

2 Klebe danach den Pompon oder ein Stück Watte, das du zwischen den Händen zu einer Kugel rollst als Schwänzchen auf.

3 Wenn du magst, kannst du das Schwänzchen auch weglassen und deinem Hasen mit Filzstift ein Gesicht aufmalen. Die Wangen kannst du mit Buntstiftabrieb röten.

DU BRAUCHST

* Tonkarton, A5 in Pastellgelb oder Violett
* Schere
* Bleistift
* ggf. Pompon in Weiß oder Wattebausch
* Klebstoff
* Schwarzer Filzstift
* Buntstift in Rosa

Vorlage auf Seite 73

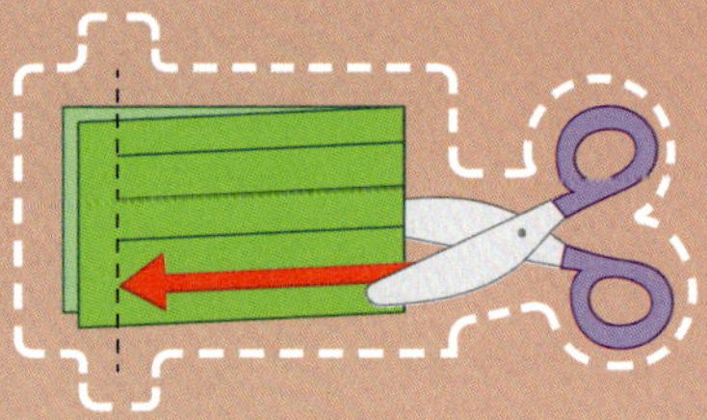

1 Die schmalen Kanten des grünen Papiers aufeinander falten und das Papier an der Faltkante in Streifen schneiden. Achtung: Du darfst das Papier dabei nicht durchschneiden.

2 Klebe nun die schmalen Kanten des orangefarbenen Papiers aufeinander, sodass eine Röhre entsteht.

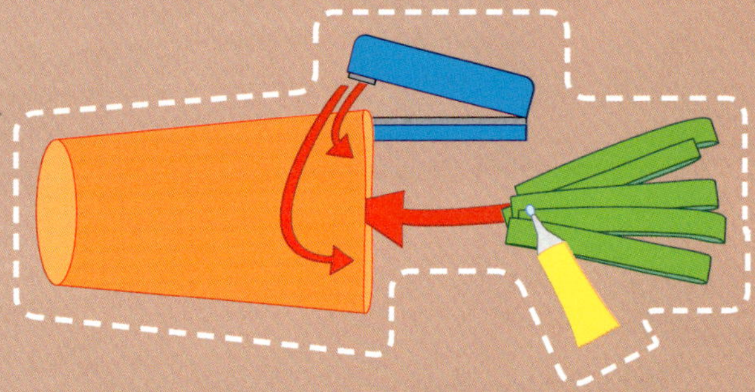

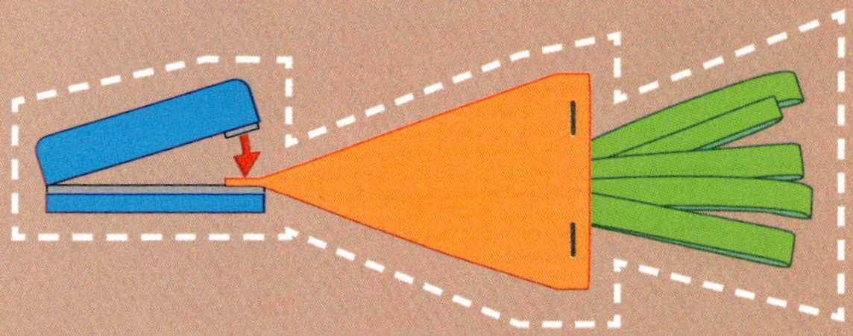

3 Drück die Röhre an einem Ende flach zusammen. Klebe das Möhrengrün ein und verschließe die Kante rechts und links zusätzlich mit dem Bürotacker.

4 Nun kannst du die Röhre mit einem Geschenk befüllen. Danach drückst du das zweite Ende im rechten Winkel zum ersten Ende flach und verschließt es ebenfalls mit dem Bürotacker.

Möhren-Schachteln

DU BRAUCHST

* Tonpapier in Orange, 15 cm x 18 cm
* Tonpapier in Grün, 6 cm x 20 cm
* Bastelkleber
* Bürotacker
* Schere

TIPP

Die Ecken mit der Schere abschneiden und mit Filzstift ein paar Linien aufmalen, dann sieht die Schachtel noch möhriger aus.

Krepppapier-Blumen

DU BRAUCHST

* Krepppapier, z.B. in Blau, 4x 20 cm x 24 cm (große Blume) oder 4x 12 cm x 14 cm (kleine Blume)
* Krepppapier, z.B. in Grün, 2x 20 cm x 24 cm (große Blume) oder 2x 12 cm x 14 cm (kleine Blume)
* Chenilledraht, 15 cm
* ggf. Trinkhalm, kompostierbar
* Bastelkleber
* Schere

TIPP

Bevor du die Papierlagen öffnest, kannst du mit der Schere noch Fransen, Zacken oder Wellen einschneiden.

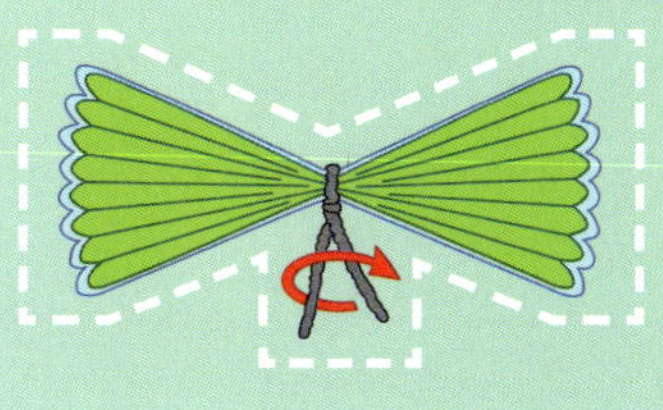

1 Lege die vier blauen und die zwei grünen Krepppapierstücke übereinander und falte sie von einer schmalen Kante zur anderen im Zickzack. Den gefalteten Papierstapel gut festhalten.

2 Lege den Chenilledraht fest um die Mitte des Stapels und verdrehe die Enden auf der Unterseite (hier blau) mehrmals miteinander, sodass der Papierstapel gut zusammengehalten wird.

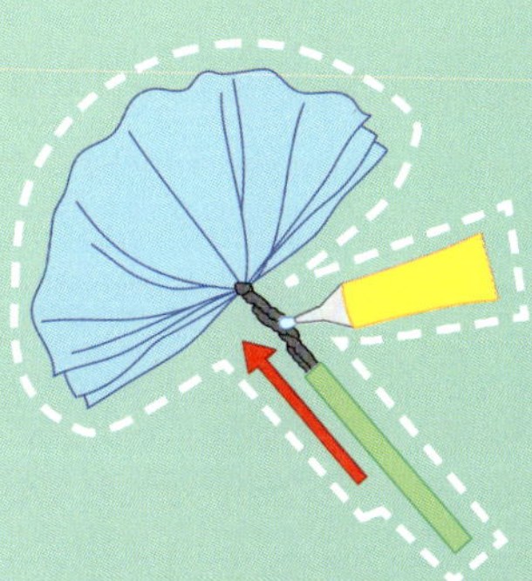

3 Fächere den Papierstapel etwas auf und ziehe die einzelnen Papierlagen vorsichtig auseinander. Verwende dazu keine Kraft. (Es ist aber auch nicht schlimm, wenn mal ein Stück Papier reißt!)

4 Wenn deine Blume einen Stiel bekommen soll, tupfst du etwas Klebstoff auf den Chenilledraht und steckst einen Trinkhalm auf. Danach kannst du die Blüte noch etwas zurechtzupfen.

Schnipsel-Eier

1 Zeichne mithilfe der Vorlage die Eiform auf dem festen Transparentpapier auf.

2 Stanze aus dem bunten Transparentpapier Kreise oder Blumen aus und klebe die Stanzteile überlappend auf das Ei, bis alles bedeckt ist. Gut trocknen lassen.

3 Schneide das Ei mit der Schere entlang der Bleistiftlinie aus. Fertig ist dein leuchtendes Fensterbild.

TIPP
Wenn das Transparentpapier beim Stanzen ausreißt, legst du es einfach zwischen zwei Lagen Schreibpapier.

DU BRAUCHST

* festes Transparentpapier in Weiß, A5
* Transparentpapier in verschiedenen Farben (Drachenpapier)
* Stanzer, z.B. Kreis oder Blume
* Klebestift
* Schere
* Bleistift

Vorlage auf Seite 71

SO BUNT WIE DAS LEBEN

Makramee

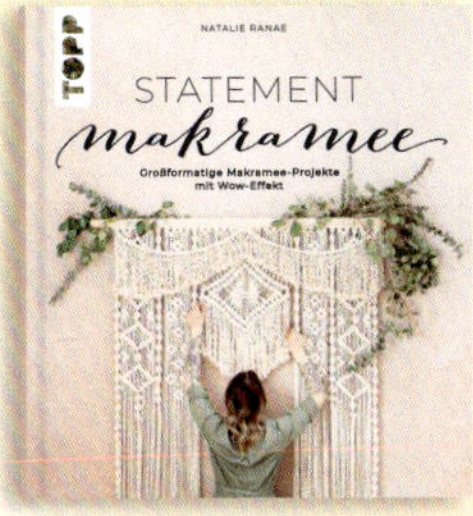

Statement Makramee. Großformatige Makramee-Projekte mit Wow-Effekt
ISBN 978-3-7358-**5039**-3
176 S., HC, € (D) 25,00

Makramee im Boho-Look. Accessoires, Deko & mehr im Bohemian Style
ISBN 978-3-7358-**5031**-7
160 S., HC, € (D) 22,00

Makramee für Anfänger
ISBN 978-3-7358-**5119**-2
96 S., HC, € (D) 14,99

Makramee Wandbilder im Kreuzknoten-Design
ISBN 978-3-7358-**5126**-0
64 S., HC, € (D) 12,99

Kreativ Leben

Trick 17 - Wohnen und Einrichten
ISBN 978-3-7358-**5091**-1
320 S., SC, € (D) 20,00

200 Tipps, Tricks und Techniken: Ordnung
ISBN 978-3-7358-**5099**-7
176 S., HC, € (D) 22,99

Spar dich glücklich
ISBN 978-3-7358-**5103**-1
112 S., SC, € (D) 14,00

Trick 17 kompakt Sparen – Clevere Tipps und Tricks für Verbraucherinnen und Verbraucher
ISBN 978-3-7358-**5085**-0
160 S., SC, € (D) 14,00

Die Gartenapothekerin
ISBN 978-3-7358-**5096**-6
176 S., SC, € (D) 25,00

Zuckerfrei leben. Wie ich mein Leben raffiniert zuckerfrei machte und endlich gesund wurde.
ISBN 978-3-7358-**5107**-9
128 S., SC, € (D) 18,00

Mein Weg zur Wohlfühlfigur. Wie ich eine Menge Kilos verloren und einen Haufen Lebensfreude gewonnen habe
ISBN 978-3-7358-**5110**-9
144 S., SC, € (D) 18,00

Ordnung schaffen. Wie ich durch Ordnung mein Leben auf den Kopf stellte und mein Alltag aufgeräumter wurde
ISBN 978-3-7358-**5129**-1
128 S., SC, € (D) 18,00

Ausmalen

Christl Vogls Ausmalreise - Abenteuer der Blütenelfen
ISBN 978-3-7358-**8057**-4
96 S., SC, € (D) 12,99

Vintage Flowers – Die Sprache der Blumen
ISBN 978-3-7358-**5112**-3
176 S., SC, € (D) 25,00

Großstädte im Hochformat - das Ausmalbuch
ISBN 978-3-7358-**8082**-6
64 S., SC, € (D) 15,00

Color & Cut - Blumen
ISBN 978-3-7358-**8054**-3
96 S., SC, € (D) 12,99

Malen & Zeichnen

Mein Lettering-Training
ISBN 978-3-7358-**8010**-9
128 S., SC, € (D) 18,00

Sketchnotes. Die große Symbol-Bibliothek. Band 2
ISBN 978-3-7358-**8000**-0
144 S., HC, € (D) 22,00

Fine Line Übungsbuch
ISBN 978-3-7358-**8012**-3
64 S., SC, € (D) 10,00

Floral & Fein
Beeindruckende botanische Illustrationen mit Fineliner zeichnen
ISBN 978-3-7358-**8048**-2
128 S., HC, € (D) 19,99

Aquarellvorlagenmappe
ISBN 978-3-7358-**8062**-8
48 S., SC, € (D) 24,99

Farbenlehre trifft Watercolor-Blumen
ISBN 978-3-7358-**8038**-3
128 S., HC, € (D) 25,00

Landschaften aquarellieren
Mit den neuen supergranulierenden Aquarellfarben
ISBN 978-3-7358-**8037**-6
144 S., HC, € (D) 24,99

Painted Edges • Buchschnitt gestalten mit Watercolor
ISBN 978-3-7358-**8064**-2
128 S., SC, € (D) 19,99

Wenn die Linie lustig wird
Comic, Cartoons & Karikatur zeichnen lernen
ISBN 978-3-7358-**8014**-7
144 S., SC, € (D) 19,99

Die Kunst des Zeichnens - Posen
ISBN 978-3-7358-**8045**-1
128 S., HC, € (D) 22,00

Die Kunst des Zeichnens Masterclass - Skizzieren
ISBN 978-3-7358-**8063**-5
144 S., HC, € (D) 25,00

Einfach Ölmalerei
ISBN 978-3-7358-**8025**-3
128 S., HC, € (D) 22,00

Rätseln

what3words Rätselbuch /// der. Fall.Aegis /// Die neue Landkarten-rätsel-Herausforderung
ISBN 978-3-7724-**8089**-8
80 S., SC, € (D) 12,00

Micro Crimes. Das Krimi-Suchbuch. Sherlock Holmes gegen die Unterwelt von Berlin.
ISBN 978-3-7724-**9504**-5
48 S., HC, € (D) 20,00

MARVEL Labyrinthe
Finde deinen Weg durch das größte Comic-Universum.
ISBN 978-3-7724-**9396**-6
64 S., SC, € (D) 16,00

Star Wars Labyrinthe. Finde deinen Weg durch eine weit, weit entfernte Galaxis
ISBN 978-3-7724-**9395**-9
64 S., SC, € (D) 16,00

Gehirnjogging – 365 Strategien, Rätsel und Übungen für einen scharfen Verstand
ISBN 978-3-7724-**4400**-5
160 S., HC, € (D) 15,00

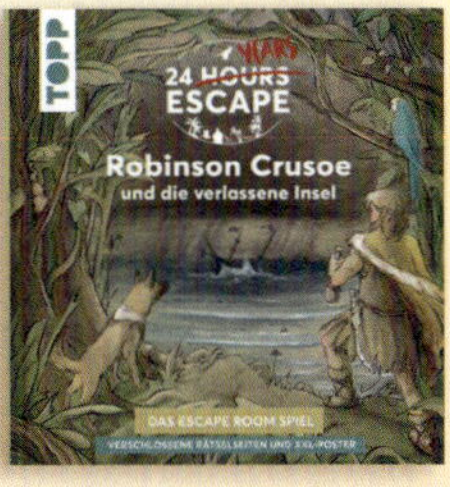

24 HOURS ESCAPE – Das Escape Room Spiel – Daniel Defoes Robinson Crusoe und die verlassene Insel
ISBN 978-3-7724-**8099**-7
112 S., SC, € (D) 15,99

24 HOURS ESCAPE – Das Escape Room Spiel: H.G. Wells' Die Zeitmaschine und eine ungewisse Zukunft
ISBN 978-3-7724-**9399**-7
112 S., SC, € (D) 15,99

Sherlock & Watson – Neues aus der Baker Street: Das Lächeln im Spiegel
ISBN 978-3-7724-**9445**-1
144 S., SC, € (D) 19,99

KinderKreativ

Die Olchis. Das krötige Bastelbuch aus Schmuddelfing
ISBN 978-3-7358-**9057**-3
80 S., HC, € (D) 13,99

Gemeinsam basteln, gemeinsam wachsen - Das Kinderbastelbuch für gezielte Förderung
ISBN 978-3-7358-**9045**-0
128 S., HC, € (D) 17,99

Wir retten die Welt • Mit Bastelideen, Experimente und Challenges
ISBN 978-3-7358-**9053**-5
128 S., HC, € (D) 17,99

Meine Bastelreise um die Welt - Das Bastelbuch für Weltentdecker
ISBN 978-3-7358-**9069**-6
128 S., HC, € (D) 17,99

Die Kunst des Zeichnens für Kinder Zeichenschule - Optische Täuschung
ISBN 978-3-7358-**9054**-2
128 S., HC, € (D) 16,00

Land Art. Das Draußen-Kreativ-Buch für die ganze Familie
ISBN 978-3-7724-**4654**-2
128 S., HC, € (D) 15,99

Dinosaurier
ISBN 978-3-7358-**9049**-8
80 S., HC, € (D) 13,99

Mama, ich back das schon! Backen nach Bildern
ISBN 978-3-7358-**9048**-1
80 S., HC, € (D) 14,99

DIY / Basteln

Natural Rustic Love
ISBN 978-3-7358-**5109**-3
128 S., HC, € (D) 18,00

MANUFAKTURA
ISBN 978-3-7358-**5098**-0
144 S., HC, € (D) 25,00

Indoor DIY-Projekte aus Baumarkt-Material
ISBN 978-3-7358-**5125**-3
128 S., HC, € (D) 18,99

Zauberhafte Wichteltüren
ISBN 978-3-7358-**5123**-9
80 S., HC, € (D) 14,99

Handarbeiten

Fuck it! Let's stitch
ISBN 978-3-7358-**7035**-3
112 S., HC, € (D) 20,00

52 Wochen Tücher stricken
ISBN 978-3-7358-**7009**-4
272 S., HC, € (D) 40,00

Das ultimative Socken-Strickbuch
ISBN 978-3-7358-**7051**-3
144 S., HC, € (D) 16,99

Außergewöhnliche Motiv-socken stricken
ISBN 978-3-7358-**7041**-4
176 S., HC, € (D) 25,00

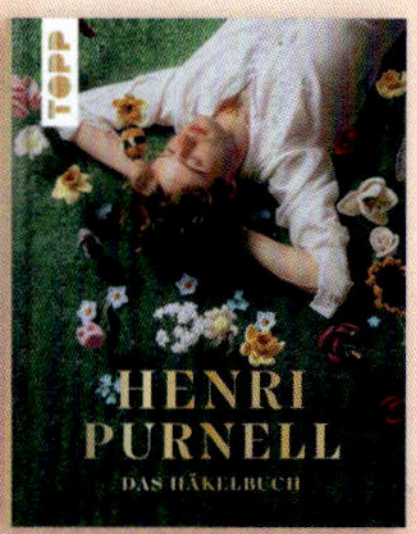

Henri Purnell. Das Häkelbuch
ISBN 978-3-7358-**7047**-6
144 S., HC, € (D) 22,00

1x1 kreativ Häkeln
ISBN 978-3-7358-**7033**-9
144 S., HC, € (D) 22,00

Großartige Grannysquares häkeln
ISBN 978-3-7358-**7043**-8
112 S., HC, € (D) 20,00

Näh-Quickies: 15-Minuten-Projekte
ISBN 978-3-7358-**7046**-9
192 S., SC, € (D) 16,00

Näh doch einfach! Meine Lieblings-Oberteile nähen
ISBN 978-3-7358-**7037**-7
112 S., HC, € (D) 24,00

Skandi Løve. Kleider • Selbst genäht in den Größen 34-46
ISBN 978-3-7358-**7052**-0
112 S., HC, € (D) 22,00

Der Jersey-T-Shirt-Baukasten für Kids • in den Größen 98-146
ISBN 978-3-7358-**7044**-5
112 S., HC, € (D) 22,00

Oskar näht • Der Nähworkshop für Kinder. Mit Videoanleitung
ISBN 978-3-7358-**9050**-4
128 S., HC, € (D) 17,99

Girlanden

TIPP
Viele bunte Girlanden bekommst du, wenn du die Vorlage auf mehrere bunte Papiere heftest und durch alle Lagen ausschneidest.

DU BRAUCHST

* farbiges Schreib- oder Briefpapier, A4
* weißes Schreibpapier, A4
* Schere
* Bürotacker
* Kopierer

Vorlage auf Seite 73

1 Bitte einen Erwachsenen, eine Kopie der Vorlage auf weißes Schreibpapier zu machen. Am einfachsten geht das mit einem Fotokopiergerät.

2 Lege die Kopie der Vorlage auf ein buntes Papier und hefte beide Papiere an den Ecken mit dem Tacker zusammen.

3 Schneide zuerst die Spirale von außen nach innen nach. Erst dann schneidest du die Kontur mit der Schere aus.

4 Das weiße Papier entfernen und die bunte Spirale an einem ihrer zwei Enden aufhängen.

WOLLE,
FILZ
& CO.

Socken-Raupe

DU BRAUCHST

* Socke, Strumpfhose oder Leggins in Grün, Kindergröße
* Füllmaterial, z.B. Füllwatte oder große Watte- bzw. Styroporkugeln
* Wolle in Grün und Rot
* 2 Wattekugeln in Weiß, ø 1 cm
* Chenilledraht in Schwarz, 2x 10 cm
* Filzstift in Schwarz
* Bastelkleber
* Schere
* dicke Wollnadel

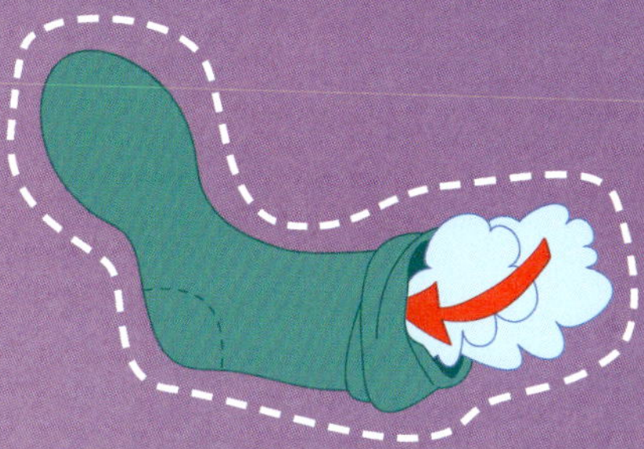

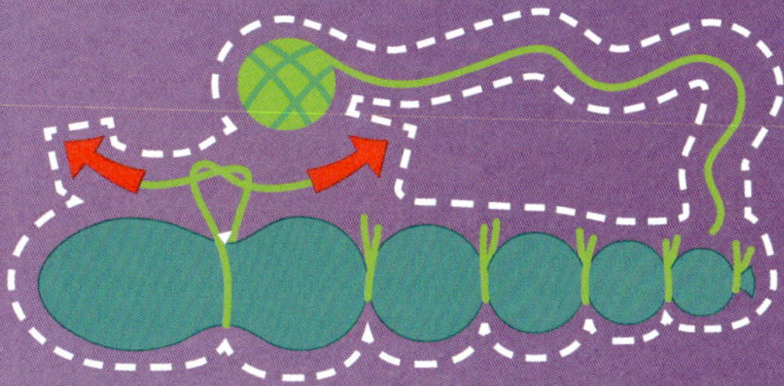

1 Beginne mit dem Kopf und Stopfe die Spitze der Socke eiförmig aus. Das geht leichter, wenn du die Socke dazu ein bisschen hochkrempelst.

2 Binde die Socke hinter dem Kopf mit grüner Wolle ab. Mach so weiter und füge die Kugeln für den Körper an, bis das Ende der Socke erreicht ist. Die Kugeln dürfen dabei immer kleiner werden.

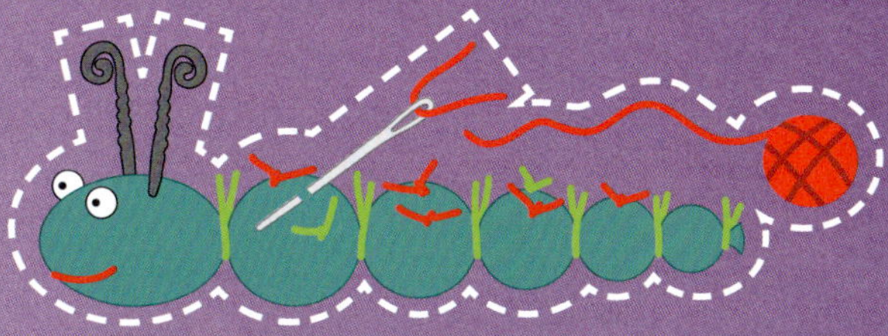

3 Klebe einen roten Faden und die Wattekugeln auf das Gesicht. Die Pupillen malst du mit dem Filzstift auf. Dann stichst du mit der Nadel zwei Löcher vor und klebst den Chenilledraht als Fühler ein. Die Enden etwas aufrollen.

4 Zuletzt bekommt die Raupe ein paar Haare. Ziehe dazu kurze Wollfäden mit der Nadel durch den Strumpf und mach mit beiden Enden einen Knoten.

TIPP
Bei der Leggins zu Beginn das abgeschnittene Bein auf links wenden, ein Ende fest mit Wolle abbinden, und das Bein wieder auf rechts wenden.

Blütenzweig

1 Nimm etwas Märchenwolle, etwa so groß wie ein Wattebausch, und knote in der Mitte ein Stück Wolle darum.

2 Zupfe die Märchenwolle mit den Fingern zurecht, sodass sie die Form einer Blütenknospe bekommt. Dann knotest du die Blüte an das Ende eines Astes.

3 Fertige weitere Blütenknospen und knote sie an die übrigen Astenden. Danach schneidest du aus dem Filz kleine Blätter mit Stiel aus und bindest sie ebenfalls mit Wolle fest.

4 Die überstehenden Fadenenden mit der Schere abschneiden.

DU BRAUCHST

* Zweig mit mehreren Ästen
* Märchenwolle
* Bastelfilz in Hellgrün
* Wollrest in Grün
* Schere
* Bleistift

Vorlage auf Seite 70

1 Bestreiche die Pappe mit dem Klebestift und klebe das weiße Schreibpapier auf. Zeichne die Wolke an und schneide sie aus.

2 Drehe aus der Wolle sieben Kordeln, in jeder Farbe des Regenbogens brauchst du eine Kordel (siehe Seite 68).

3 Gestalte das Gesicht mit den Wackelaugen und den Stiften. Loche dann die untere Kante der Wolke und knote die Kordeln fest.

Regenbogenwolke

DU BRAUCHST

* feste Pappe, A5
* Schreibpapier in Weiß, A5
* 2 Wackelaugen, ø 1–1,5 cm
* Wollreste in Rot, Orange, Gelb, Grün, Hellblau, Dunkelblau und Pink, je 1 m
* Filzstift in Schwarz
* Buntstift in Rot
* Bürolocher
* Klebestift
* Schere
* Bleistift

Vorlage auf Seite 71

Faden-Bienchen

DU BRAUCHST

* Pappteller, ø 23 cm
* dicke Wolle in Gelb
* Bastelfilzreste in Weiß und Schwarz
* Chenilledraht in Schwarz, 20 cm
* 2 Wackelaugen, ø 2 cm
* Bastelfarbe in Hellblau
* Bastelkleber
* Malschwamm oder Schwammpinsel
* dicke Wollnadel
* Bürolocher
* Schere

Vorlage auf Seite 72

TIPP
Mit roter Wolle und schwarzen Filzpunkten wird daraus ein Marienkäfer.

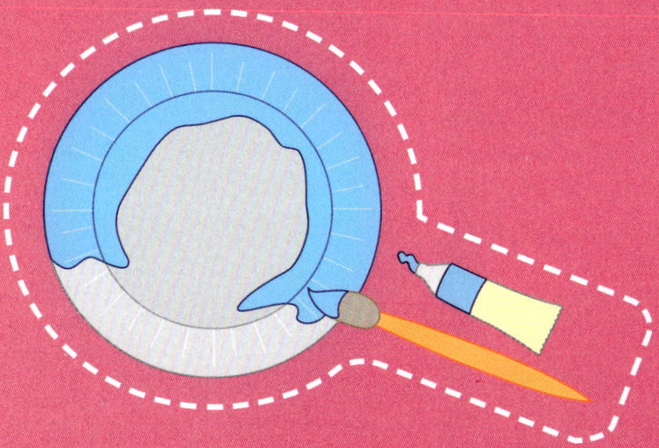

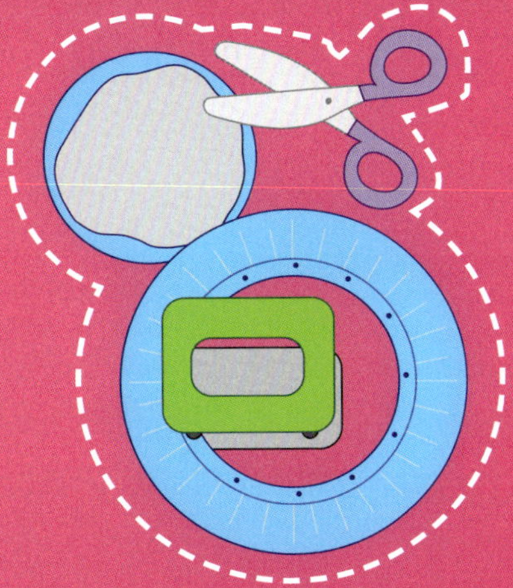

1 Lege den Teller mit der Unterseite nach oben hin und male den Rand hellblau an. Gut trocknen lassen.

2 Schneide die Mitte des Tellers rund heraus und stanze Löcher in den Rand des Ausschnittes. Der Abstand sollte etwa 3 cm betragen. Lass dir bei Bedarf von einem Erwachsenen helfen.

3 Jetzt spannst du die gelbe Wolle mit der Nadel kreuz und quer zwischen den Löchern. Nähe auch einmal am Rand entlang. Fadenanfang und -ende der Fäden immer an einem Loch festknoten.

4 Schneide aus dem Filz die weißen Flügel und die schwarzen Streifen aus. Biege den Chenilledraht zu einem Fühlerpaar und rolle die Enden auf. Klebe alles wie abgebildet auf.

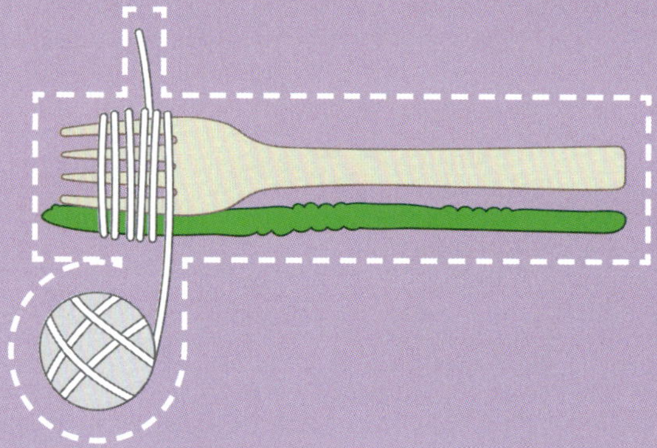

1 Lege den Chenilledraht mit einem Ende seitlich an die Gabel und wickle dann die weiße Wolle zwölfmal locker um die Zinken. Den Faden abschneiden.

2 Verdrehe das lange und das kurze Ende des Chenilledrahtes fest miteinander, sodass die Wolle gut zusammengehalten wird.

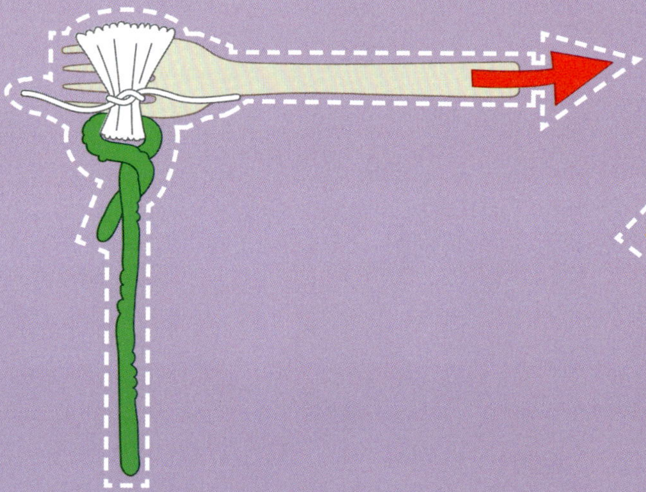

3 Nimm ein Stück Wolle, fädle es durch die unterste Lücke der Zinken und knote es fest um die Fäden. Jetzt kannst du die Gabel herausziehen.

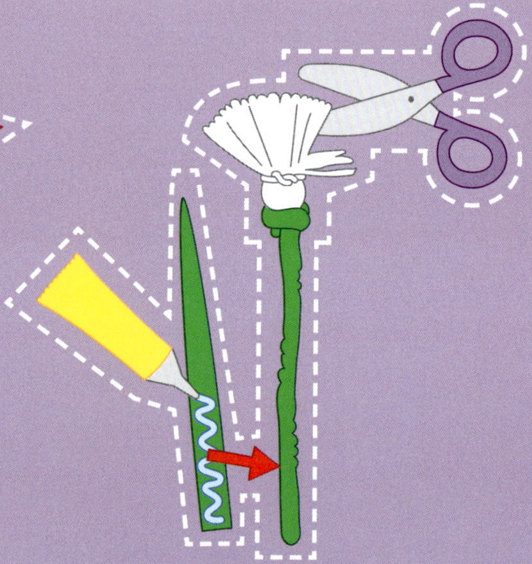

4 Wickle das kurze Ende des Chenilledrahtes oben um den Stiel und schneide die Wollschlaufen auf. Ein schmales, langes Blatt aus dem Bastelfilz ausschneiden und unten an den Stiel kleben.

Schneeglöckchen

DU BRAUCHST

* dicke Wolle in Weiß
* Chenilledraht in Grün, 20 cm
* Bastelfilzrest in Grün
* Bastelkleber
* Gabel
* Schere

TIPP
Die Blumen sehen in der Vase, auf einer Karte und auch auf einem Geschenk toll aus.

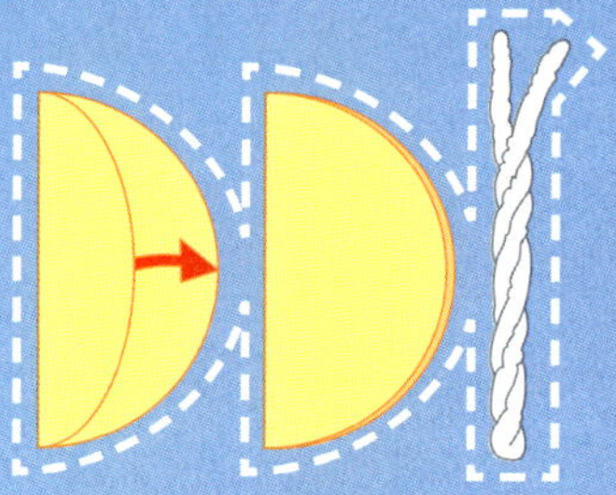

1 Zeichne mit dem Becher und dem Bleistift auf jedes Filzstück einen Kreis. Schneide die Kreise mit der Schere aus.

2 Nun legst du jeden der beiden Kreise doppelt, sodass du zwei Halbkreise hast. Den Chenilledraht ebenfalls doppeltlegen und unten etwas verdrehen.

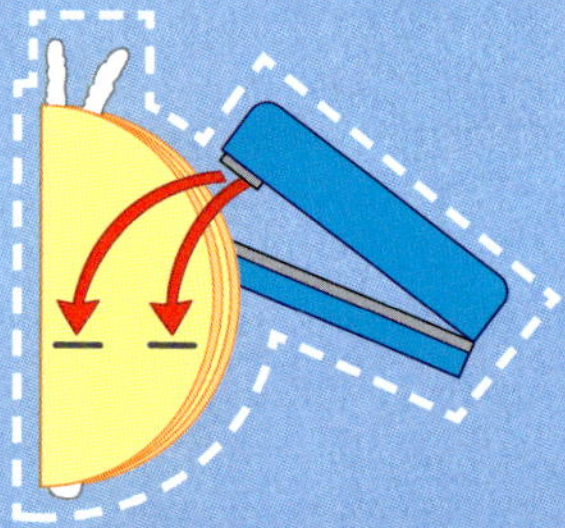

3 Den Chenilledraht zwischen die beiden Halbkreise legen und die Filzlagen im rechten Winkel zur linken Kante etwas unterhalb der Mitte der Halbkreise zusammentackern.

4 Biege die Fühler in Form und drehe die Spitzen ein. Dann kannst du die vier Flügel öffnen.

Filz-Schmetterlinge

TIPP
Verziere die Flügel mit bunten Punkten oder Dreiecken aus Filz.

DU BRAUCHST

* Bastelfilz in Gelb, Pink oder Violett, 2x 12 cm x 12 cm
* Chenilledraht in Weiß, 25 cm lang
* Bürotacker
* Bleistift
* Schere
* Becher, ca. ø 10 cm

1 Wickle einen Pompon (siehe Seite 68) und schneide ihn mit der Schere zu einer schönen runden Kugel.

2 Schneide aus dem Eierkarton zwei Schälchen aus und schneide Zacken in den Rand.

3 Klebe den Pompon zwischen die beiden Schälchen und bring die Wackelaugen an.

4 Aus dem Tonkartonrest eine Raute ausschneiden, in der Mitte falten und als Schnabel einkleben.

Pompon-Küken

DU BRAUCHST

* Wolle in Gelb
* 2 leere Klopapierrollen
* 2 Wackelaugen, ø 7 mm
* Eierkarton in Weiß
* Tonkartonrest in Orange
* Schere
* Bastelkleber

Stoff-Hase

1 Male ein Hasengesicht auf die Wattekugel und röte die Bäckchen mit dem Buntstift.

2 Höhle die Wattekugel aus, indem du das Papier aus dem Innern herausziehst. Deine Kugel braucht ein richtig großes Loch, durch das du deinen Daumen stecken kannst.

3 Pack die Füllwatte oder ein kleines Geschenk in das Tuch und binde es mit dem Band zusammen. Lass dir dabei von einem Erwachsenen helfen.

4 Ziehe die Wattekugel auf die Stoffzipfel. Zupfe zwei Zipfel als Ohren in Form. Die anderen kannst du in der Wattekugel verstecken.

DU BRAUCHST

* Wattekugel, ø 5 cm
* Stofftaschentuch oder dünner Stoff, 20 cm x 20 cm
* Dekoband in Rosa, 1 cm breit, 30 cm lang
* Filzstift in Schwarz
* Marker in Weiß
* Buntstift in Rot
* Füllwatte oder kleines Geschenk

TIPP
Lass dir beim Aushöhlen eventuell von einem Erwachsenen mit einer Schere helfen.

Fundstücke, Naturmaterial & Co.

Hasen-Nest

DU BRAUCHST

* 2 Pappteller, ø 23 cm
* Tonkarton in Hellblau, A5, und Rest in Weiß
* dicke Wolle in Eisblau
* 2 Wackelaugen, ø 2,5 cm
* Farbe in Blaugrün
* breiter Pinsel
* Schere
* Bürolocher
* Bleistift
* Bastelkleber
* Wolle

Vorlage auf Seite 71

1 Schneide von einem Teller etwas weniger als die Hälfte ab und male ihn auf er Unterseite blaugrün an. Den anderen Teller malst du auf der Oberseite an. Gut trocknen lassen.

2 Lege die beiden Teller mit der bemalten Seite nach oben aufeinander. Loche den doppelten Rand in gleichmäßigem Abstand mit dem Bürolocher.

3 Knote einen langen Faden am ersten Loch fest und nähe die beiden Teller zusammen. Am letzten Loch machst du wieder einen Knoten und schneidest den übrigen Faden ab.

4 Schneide die Ohren, die Nase und die Barthaare mithilfe der Vorlagen aus dem Tonkarton aus. Alles wie abgebildet aufkleben und zum Schluss mit dem Marker den Mund und den Lichtfleck auf der Nase ergänzen.

TIPP

Halte die Teller beim Lochen mit Wäscheklammern zusammen, damit nichts verrutscht.

Frosch-Utensilo

DU BRAUCHST

* leere Konservendose, ø 8,5 cm, 8,5 cm hoch
* Moosgummi in Hellgrün, 8 cm x 30 cm
* Moosgummi in Grün, A5, und Rest in Gelb
* 2 Wattekugeln, ø 2 cm
* Marker in Schwarz
* Bastelkleber
* Schere

Vorlage auf Seite 70

1 Bestreiche den Moosgummistreifen an einem Ende mit dem Bastelkleber. Lass den Kleber etwas antrocknen und klebe den Streifen dann um die Dose.

2 Schneide mithilfe der Vorlage den Kopf, die Augenlider, die Füße und die Krone aus dem Moosgummi aus. Den Mund mit dem Marker aufmalen.

3 Male schwarze Punkte als Pupillen auf die Wattekugeln. Klebe die Augenlider und die Krone von hinten an den Kopf. Die Wattekugeln als Augen aufkleben.

4 Den Kopf auf das Utensilo kleben, die beiden Füße am Boden der Dose anbringen. Lass den Klebstoff dafür wieder etwas antrocknen, dann haftet er schneller.

TIPP
Lass den Klebstoff zwischen den einzelnen Schritten gut trocknen.

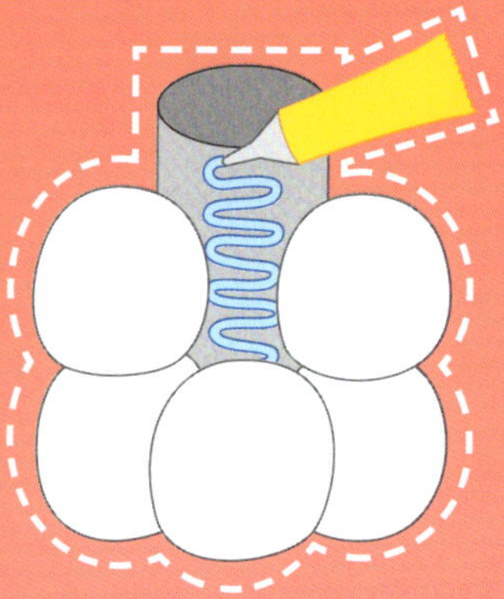

1 Bestreiche die Papprolle rundum mit dem Bastelkleber und klebe die weißen Wattebäusche auf.

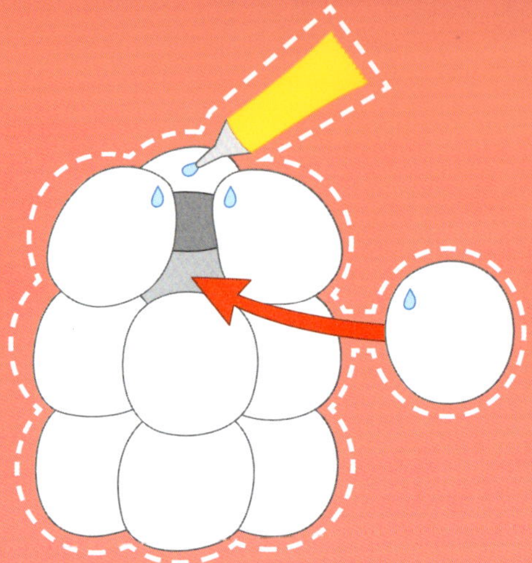

2 Schließe die Öffnung oben, indem du einen weiteren Wattebausch aufklebst oder die oberen Wattebäusche in der Mitte zusammenklebst.

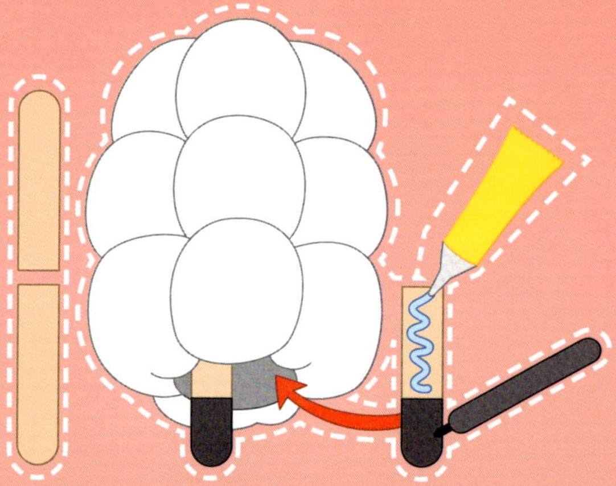

3 Die Holzspatel teilen, am runden Ende schwarz anmalen und als Beine in die Papprolle kleben. Alle vier Beine schauen gleich weit heraus, damit das Schaf gut steht.

4 Schneide den Kopf und zwei Ohren aus dem Tonpapier aus, klebe die Wackelaugen an und male die Schnauze auf. Die Ohren an den Kopf und diesen auf den Wattekörper kleben.

Watte-Schaf

DU BRAUCHST

* leere Klopapierrolle
* ca. 15 Wattebäusche in Weiß
* 2 Holzspatel oder Eisstiele
* 2 Wackelaugen ø 1 cm
* Filzstift oder Farbe in Schwarz
* Buntstift in Weiß
* Bastelkleber
* Schere

Vorlage auf Seite 72

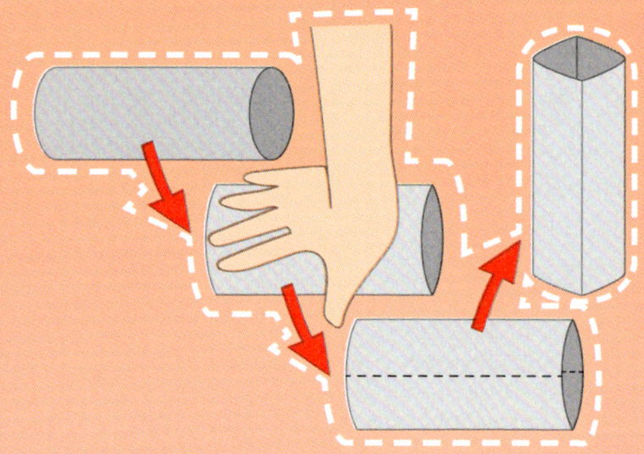

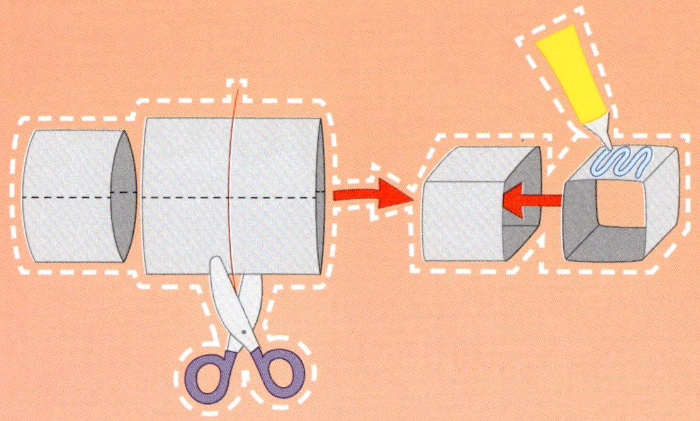

1 Drücke beide Papprollen flach und öffne sie wieder. Lege jeweils die Faltlinien übereinander und drücke die Rollen wieder flach. Danach eine Rolle zu einer eckigen Röhre ausformen.

2 Die zweite Rolle zu einem Quadrat schneiden und dieses in zwei gleichbreite Ringe teilen. Die Ringe eckig ausformen und ineinanderkleben, sodass ein Würfel entsteht.

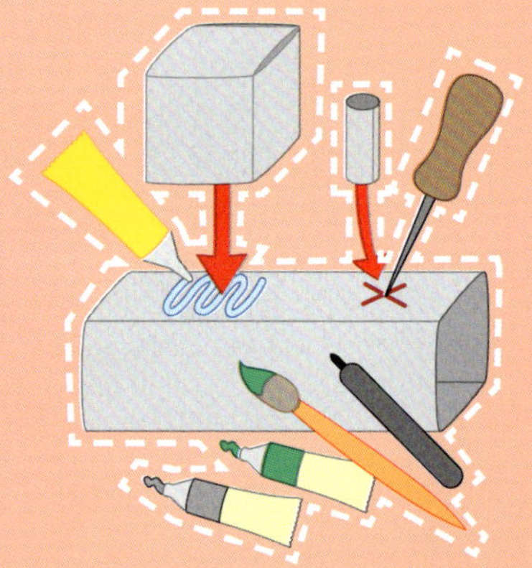

3 Den Würfel oben auf die eckige Röhre kleben. Vor dem Würfel ein Loch in den Traktor machen, einen Papprest aufrollen und in das Loch kleben. Nun kannst du deinen Traktor anmalen.

4 Die Plastikdeckel anmalen. Nach dem Trocknen die Position der Räder am Traktor markieren, jeweils ein Loch vorstechen und die Räder mit den Musterbeutelklammern anbringen.

Cooler Traktor

DU BRAUCHST

* 2 leere Klopapierrollen
* 4 Plastikdeckel, z.B. von Milchtüten oder Knetdöschen, 2x ø 5 cm und 2x ø 3 cm
* 4 Musterbeutelklammern
* Farbe in Schwarz, Grau und Grün bzw. Rot
* ggf. Marker in Schwarz
* Bastelkleber
* Schere

TIPP
Keine passenden Deckel zur Hand? Schneide Moosgummi-Kreise aus und bring sie als Räder an.

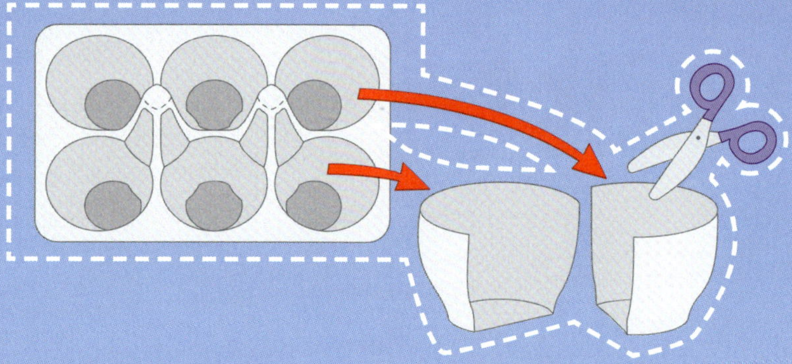

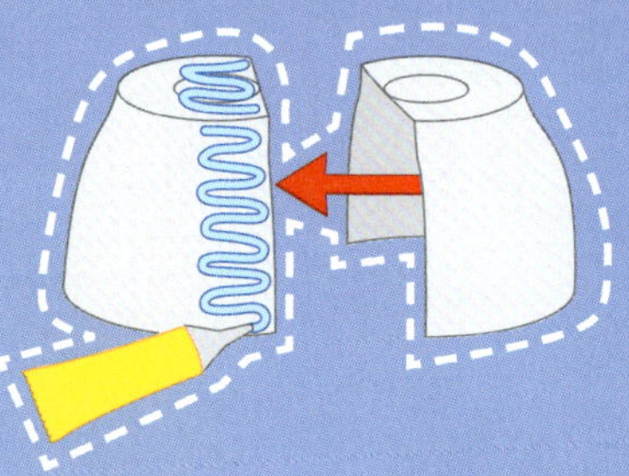

1 Schneide ein Ende des Eierkartons mit zwei Schälchen ab. Jetzt kannst du die beiden Schälchen sauber aus dem Karton ausschneiden.

2 Klebe die beiden Schälchen ineinander, sodass sie eine geschlossene Schale bilden. Gut trocknen lassen.

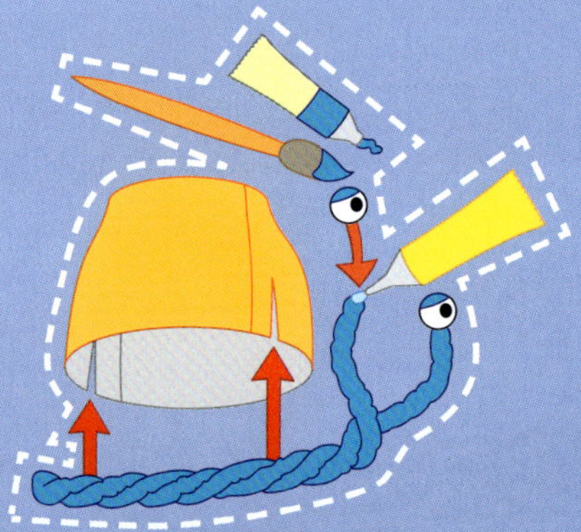

3 Schneide den Rand bei Bedarf noch einmal mit der Schere nach und male das Haus deiner Schnecke bunt an. Gut trocknen lassen.

4 Lege den Chenilledraht doppelt und verdrehe ihn bis zu den Fühlern. Bemale die Wattekugeln als Augen und klebe sie auf. Vorn und hinten einen Schlitz in das Schneckenhaus schneiden und den Chenilledraht einstecken.

Eierkarton-Schnecken

TIPP
Für die Augenlider mit dem Finger etwas Farbe auf die Wattekugeln tupfen.

DU BRAUCHST

* Eierkarton
* Chenilledraht, 25 cm lang
* 2 Wattekugeln, ø 1–1,5 cm
* Farbe
* Filzstifte in Schwarz
* Bastelkleber
* Schere

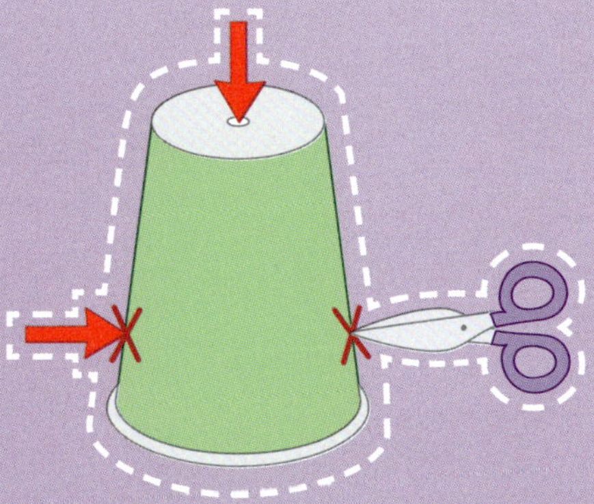

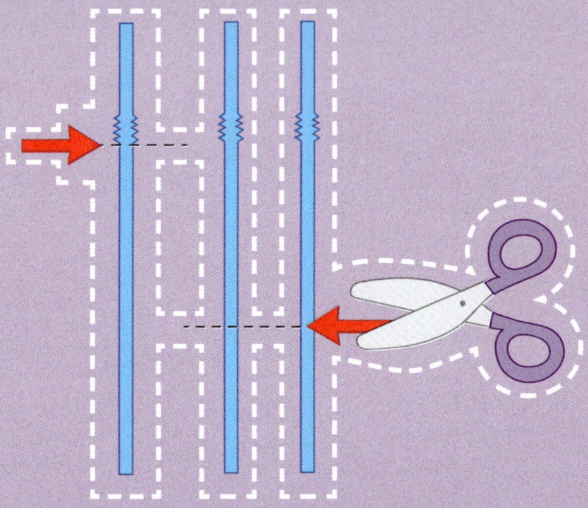

1 Mach mit einer spitzen Schere rechts und links etwa 2 cm über dem Rand ein Loch in den Becher. In den Boden mittig ein Loch machen. Die Löcher weiten, damit ein Trinkhalm durchpasst.

2 Schneide an einem Trinkhalm das kurze bewegliche obere Ende ab. Bei den anderen beiden Trinkhalmen kürzt du das lange Ende auf 6 cm.

3 Klebe die drei Trinkhalme oben mit dem Klebeband zusammen. Stecke die beweglichen als Arme durch die seitlichen Löcher, das starre durch das Loch im Boden.

4 Schneide Kopf, Ohren und Pfoten aus dem Tonkarton aus und male sie an. Die Ohren und Wackelaugen am Kopf anbringen. Den Kopf oben auf die Trinkhalme kleben, die Füße auf den Becher und die Pompons an die Arme.

Hampel-Hase

DU BRAUCHST

* Pappbecher in Grün, ø oben 7,5 cm, 9 cm hoch
* 3 flexible Trinkhalme aus Bio-Kunststoff in Blau
* 2 Wackelaugen, ø 1 cm
* 2 Pompons in Blau, ø 2 cm
* Tonkartonrest in Blau
* Papierklebeband
* Bastelkleber
* Buntstifte
* Schere

Vorlage auf Seite 71

Überraschungsei

1 Schneide das Küken und das Ei aus dem Tonkarton aus. Schneide das Ei an der Zickzacklinie in zwei Stücke und male mit dem Glitterkleber Punkte auf. Gut trocknen lassen.

2 Stanze zwei weiße Punkte mit dem Bürolocher aus. Male jeweils eine schwarze Pupille auf und klebe die Punkte als Augen auf das Küken. Den Schnabel mit rotem Filzstift aufmalen.

3 Klebe das Küken hinter die untere Hälfte des Eis und dann beides an die Spitze der unteren Hälfte der Wäscheklammer. Schau dir dazu am besten das Foto an.

4 Der obere Teil des Eis passgenau auf die obere Hälfte der Wäscheklammer kleben. Gut trocknen lassen.

DU BRAUCHST

* Tonkartonreste in Gelb, Weiß und Violett
* Wäscheklammer aus Holz
* Bürolocher
* Filzstifte in Lila, Schwarz und Rot
* Glitterkleber in Lila
* Bastelkleber
* Schere
* Bleistift

Vorlage auf Seite 73

Schmetterlinge

1 Befeuchte den Kaffeefilter, lege ihn auf eine wasserfeste Unterlage und male ihn mit den Wasserfarben bunt an. Gut trocknen lassen.

2 Lege die gerade Kante der Vorlage an der seitlichen Faltkante des Kaffeefilters an und umfahre die Kontur mit Bleistift. Mit der Schere die Flügel ausschneiden.

3 Öffne die Flügel, raffe sie in der Mitte zusammen und klemme sie in die Wäscheklammer. Zum Schluss den Pompon aufkleben, den Chenilledraht zu Fühlern formen und am Kopf anbringen.

DU BRAUCHST

* Kaffeefilter
* Wäscheklammer aus Holz
* Pompon in Lila, ø 2 cm
* Chenilledraht in Lila, 10 cm
* Bastelkleber
* Wasserfarben
* Pinsel
* Bleistift
* Schere

Vorlage auf Seite 70

FARBE,
TON
& CO.

Hasen-Eierbecher

DU BRAUCHST

* Softton in Grau
* Chenilledraht in Flieder, 2x 10 cm

1 Forme aus dem Softton eine große Kugel und drücke in der Mitte eine Kuhle hinein. Forme den Rand mit deinen Fingern weiter aus. Er sollte etwa fingerdick sein.

2 Setze ein Ei probeweise in den Eierbecher und schau, dass er die richtige Größe hat. Danach knickst du die Chenilledrahtstücke einmal in der Mitte und steckst sie als Ohren ein.

3 Den fertigen Eierbecher einige Tage an einen warmen, trockenen Ort stellen, bis der Softton durchgetrocknet ist.

Bunte Eier

1 Für das Batik-Ei reißt du das Krepppapier in kleine Schnipsel. Befeuchte sie und lege sie um das Ei. Wickle ein Taschentuch darum und lege es an einen warmen Ort zum Trocknen. Am nächsten Tag kannst du das bunte Ei auspacken.

2 Für ein Pünktchen-Ei tupfst du ganz wenig Farbe auf die Noppenfolie. Lege die Folie auf deine Hand, setze das Ei darauf und hülle es vorsichtig ein. Die Folie gleich wieder öffnen und das Ei herausnehmen. Zum Trocknen auf ein Stück Noppenfolie legen.

TIPP
Du kannst das Pünktchen-Ei auch vorsichtig über die Folie rollen oder mehrere Farben verwenden.

DU BRAUCHST

* ausgeblasene Hühnereier in Weiß
* Krepppapierreste in Gelb, Türkis, Grün und Pink
* Taschentücher
* Noppenfolie, ca. 20 cm x 20 cm
* Farbe
* Malschwamm
* wasserfeste Unterlage
* Wasser

Tulpen-Bild

1 Schneide den Tonkarton so zu, dass er in den Pappteller passt. Dann tupfst du die Gabel in die Farbe und machst viele bunte Abdrücke auf dem Tonkarton.

2 Darunter malst du ein paar grüne Stängel mit dem Pinsel auf. Alles gut trocknen lassen.

3 Nach dem Trocknen bindest du mit dem Faden eine Schleife (lass dir dabei evtl. von einem Erwachsenen helfen). Klebe die Schleife auf die Stängel.

4 Das fertige Bild in den Pappteller kleben und aufhängen oder verschenken.

DU BRAUCHST

* Pappteller, rechteckig
* Tonkarton in Hellblau, A5
* Wollrest in Rot
* Farbe
* alte Kuchengabel
* Pinsel
* Schere
* Bastelkleber

Möhren-Grüße

1 Falte das Tonpapier einmal in der Mitte, sodass du eine Klappkarte erhältst.

2 Male den Ring-, den Mittel- und den Zeigefinger deiner Hand auf der Unterseite orange an und drücke die Finger auf die untere Hälfte der Karte.

3 Wische die Farbe von deinen Fingern ab und male dann mit dem Pinsel das Möhrengrün auf.

4 Nach dem Trocknen kannst du mit dem Filzstift auf jede Möhre zwei Augen und einen Mund malen.

DU BRAUCHST

* Tonpapier in Pastellgelb, 24 cm x 17 cm
* Wasserfarben
* Pinsel
* Feiner schwarzer Filstift
* Schere
* Lineal
* Bleistift

Hasentrio

1 Nimm eine Handvoll Ton und forme ihn zu einer eiförmigen Kugel. Rolle das Ei auf der Arbeitsfläche, damit es eine schöne, glatte Oberfläche bekommt.

2 Stelle das Ei aufrecht hin und drücke es etwas auf die Arbeitsfläche, sodass es gut steht. Rolle dann eine kleine Kugel, feuchte sie etwas an und drücke sie als Schwänzchen an.

3 Knicke die Chenilledrahtstücke einmal in der Mitte, sodass spitze Ohren entstehen, und drücke sie oben in das Ei. An einem warmen, trockenen Ort etwa drei Tage trocknen lassen.

DU BRAUCHST

* Softton in Grau
* Chenilledraht in Zitronengelb, Rosa oder Flieder, 2x 10 cm lang

Fingerprint

1 Für das Herz drückst du deinen Zeigefinger zweimal schräg versetzt flach auf den Stein.

2 Für die Blume tupfst du mit der Fingerspitze im Kreis die Blütenblätter auf. Warte, bis die Farbe getrocknet ist, und tupfe dann die Blütenmitte auf.

3 Für den Schmetterling machst du zwei Herzen, die mit der Spitze zueinander zeigen, und verzierst sie mit einem Punkt. Für den Marienkäfer brauchst du einen großen Daumenabdruck.

4 Male mit dem Filzstift die Details wie Punkte, Gesicht, Kopf, Fühler, Körper, Beine oder Stängel und Blatt auf.

DU BRAUCHST

* Kieselsteine
* Farbe
* feiner schwarzer Filzstift

Bunter Regenbogen

1 Schneide ein Stück vom Teller ab und leg es zur Seite. Das größere Stück behältst du und schneidest innen einen Halbkreis aus.

2 Male den Bogen von außen nach innen mit Wasserfarbe an, beginne mit Rot, dann folgen Orange, Gelb, Grün, Blau und Violett.

3 Wenn die Farbe getrocknet ist, klebst du auf jedes Ende drei Wattekugeln. Rolle dazu jeweils etwas Watte zwischen deinen leicht angefeuchteten Handflächen in Form.

DU BRAUCHST

* Pappteller
* Wasserfarben
* Schwammpinsel oder Malschwamm
* Watte
* Bastelkleber
* Schere

TIPP

Du kannst die Schnittlinie des Halbkreises mit einem Becher vorzeichnen.

1 Rolle den Salzteig etwa 1 cm dick aus. Drücke die Klopapierrolle etwas zusammen, sodass die Öffnung die Form eines Eis bekommt, und stanzte damit den Teig aus.

2 Mach mit dem Trinkhalm ein Loch in die ausgestanzte Form, damit du die Eier später aufhängen kannst.

3 Drücke nun mit dem runden Stift Muster in den Teig. Danach die Eier mit dem Messer vom Untergrund lösen, auf das Backblech setzen und wie auf Seite 69 beschrieben trocknen.

4 Die Eier mit Farbe anmalen und nach dem Trocknen an einem Faden aufhängen.

Salzteig-Eier

DU BRAUCHST

* Salzteig (Rezept siehe Seite 69)
* leere Klopapierrolle
* Trinkhalm
* Teigrolle
* Backblech mit Backpapier
* Messer
* runder Stift
* Pinsel
* Farbe
* Faden zum Aufhängen

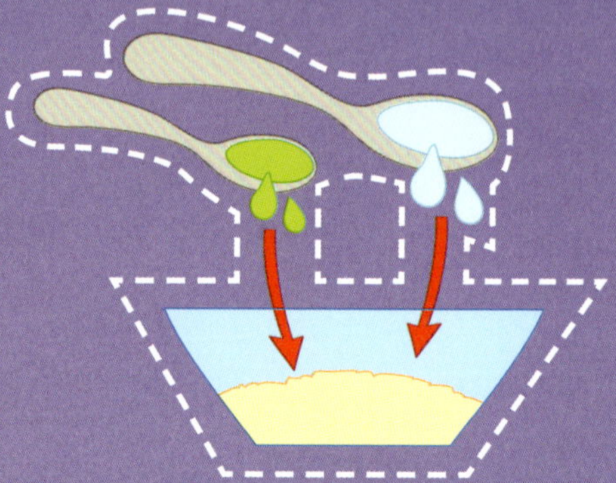

1 Reibe die ganze Seife mit der Küchenreibe klein und fange die Seifenraspel in einer Schale auf.

2 Gib das warme Wasser und das Öl zu den Seifenraspel und vermenge alles miteinander.

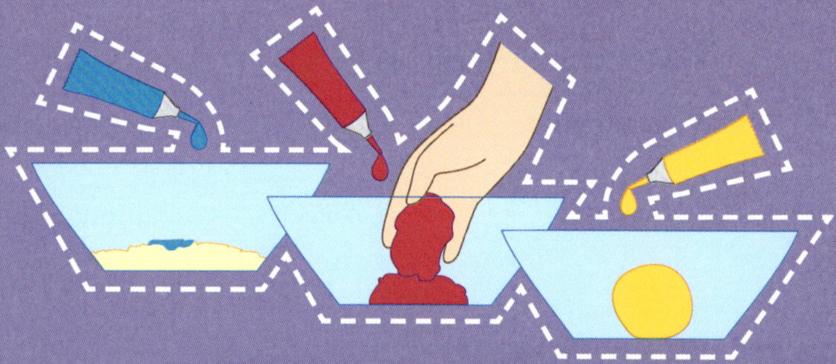

3 Verteile die Seifenraspel auf die drei Schalen, gib jeweils etwas Lebensmittelfarbe dazu und knete den Inhalt jeder Schale zu einem glatten Seifenteig.

4 Drücke die drei Seifenteige flach, lege sie übereinander und rolle sie noch einmal mit der Teigrolle gleichmäßig aus. Danach stichst du die Seifen aus. Über Nacht an einem luftigen Ort trocknen lassen.

Bunte Seifenstücke

DU BRAUCHST

* 100 g milde Seife, z.B. Babyseife
* 2 EL warmes Wasser
* 3 TL natives Olivenöl
* flüssige Lebensmittelfarbe
* 3 Schalen
* Küchenreibe
* Ausstechform
* kleine Teigrolle

TIPP
Für bunt gesprenkelte Seifen die Reste des Seifenteigs in die Ausstechform drücken.

Basteln mit Kindern

Basteln tut gut. Es fördert die Kreativität, die Fingerfertigkeit, die Ausdauer und die Konzentrationsfähigkeit, die Hand-Augen-Koordination und das räumliche Vorstellungsvermögen. Und das alles ganz nebenbei, während gemalt, geschnitten, geklebt oder gewebt wird. Bei all diesen Tätigkeiten erforschen Kinder ihre Fähigkeiten und lernen dazu. Das Schönste ist aber, wenn ein Kind sein Werk präsentiert und stolz sagt: „Das hab ich gemacht!" In diesem Moment wird sichtbar, dass Basteln nicht nur vielfältig fördert, sondern vor allem auch glücklich macht.

Basteln macht Spaß. Darauf kommt es mir ganz besonders an. Wenn ich zusammen mit meinen Kindern bastle, halte ich mir diesen Satz immer wieder vor Augen. Denn allzu schnell verfalle ich in meinen erwachsenen Perfektionsdrang und meine, dass alles so gemacht werden muss, wie ich es mir vorstelle. Denkste. Kinder haben ihre eigenen Ideen. Und sie entwickeln mit ihrem natürlichen Forschergeist durch Versuch und Irrtum eigene Lösungswege. Und das ist auch gut so. Nur für mich ist das oft ein Problem. Manchmal fehlt mir einfach die Geduld, mit meinen Kindern auf Forschungsexpedition zu gehen, während ich

Basteln mit Kindern – ein paar Leitgedanken

* Basteln macht Spaß
* den Forscherdrang der Kinder unterstützen
* die eigene Erwartungshaltung hinterfragen
* Raum für Kreativität und eigene Ideen geben
* geeignete Bastelarbeiten auswählen
* nicht überfordern
* zum Selbermachen ermutigen
* Anregungen und Hilfestellungen geben
* Misserfolge locker nehmen: Der Weg ist das Ziel!

doch längst weiß, wie es richtig gemacht wird, wie wir ohne Umwege das Ziel erreichen. Aber beim Basteln mit Kindern geht es nicht um mich. Das Ergebnis muss nicht in meinen Augen spektakulär sein, sondern in denen der Kinder.

Erwartungsdruck hemmt Kinder und schränkt ihren Entfaltungsspielraum ein. Jedes Kind hat unterschiedliche Fähigkeiten - abhängig von seinem Alter und seiner individuellen Veranlagung. Das ist nicht weiter schlimm, denn durch das spielerische Lernen beim Basteln werden die Fähigkeiten ja weiter gefördert und verfeinert. Allerdings berücksichtige ich dies bei der Wahl des Projekts. Ein Kind, das überfordert wird, verliert schnell den Spaß am Handarbeiten. Darum versuche ich, das Ziel so zu setzen, dass es auch erreicht werden kann. Und ich passe meine Erwartungen an, je nachdem, ob ich gerade mit meinem fünfjährigen oder meinem zweijährigen Sohn bastle.

Ich ermutige meine Kinder, alles alleine zu machen, wozu sie schon in der Lage sind. Und natürlich unterstütze ich sie, wo noch Hilfe notwendig ist. Oft bastle ich auch mit, wobei ich ein Vorbild sein möchte und kein erwachsener Schlaumeier, der alles besser weiß und besser kann. Damit habe ich bereits meine Erfahrungen gemacht (siehe Kasten). Oft bin ich einfach nur da, um Anregungen zu geben - und um zu staunen, auf welche Ideen und Lösungen meine Kinder kommen. Oder eben auch nicht: Manchmal regiert der Frust am Basteltisch! Doch auch Misserfolge gehören dazu. Wichtig ist nur, dass man sich davon nicht entmutigen lässt. Vielleicht hilft ja eine Auszeit? Basteln ist durchaus anstrengend. Wenn ein Kind keine Lust mehr hat, lege ich eine Bastelpause ein. Das machen wir beim Wandern ja auch. Und wie wäre es mit einer kleinen Stärkung zwischendurch? Wenn genug für heute gebastelt ist, machen wir einfach an einem anderen Tag weiter. Und wenn das Bastelwerk seinem Urheber ganz und gar nicht gefallen mag, versuche ich trotzdem etwas Gutes daran zu finden. Und dann lassen wir es ganz schnell verschwinden...

Ich mag nicht mehr ...

Es war Weihnachtszeit und mein Großer und ich haben das erste Mal gemeinsam Plätzchen gebacken. Da war er knapp zweieinhalb und ich habe mich riesig auf diesen Moment gefreut. Doch plötzlich stand mein Sohn auf, sagte: „Ich mag nicht mehr" und ging davon. Was war passiert? Ich hatte ihm die ganze Zeit Anweisungen diktiert und ihn belehrt: „Nicht zu dünn ausrollen!", „Lass mich das machen!", „Setz die Ausstechformen doch enger zusammen!". Mir wurde klar, dass Kinder viele Dinge einfach anders machen als wir Erwachsenen, und dass es falsch ist, unsere eigenen Ansprüche auf sie zu übertragen. Kinderplätzchen sehen eben anders aus. Lecker sind sie trotzdem!

Gute Vorbereitung ist alles

Eine kleine Restekiste wird schnell zur Schatztruhe. Sammeln Sie Stoff-, Garn- und Wollreste, einzelne Socken aber auch Knöpfe und Webbänder in einer kleinen Box. So haben Sie immer kostengünstiges Material für das nächste Projekt mit Ihrem kleinen Handarbeitsfan griffbereit.

Bereiten Sie das Handarbeitsprojekt vor, indem Sie alle Hilfsmittel und Materialien an einen Ort räumen, an dem sie ein paar Tage lang liegen können. Prima ist ein separater Basteltisch, der nicht extra fürs Abendessen freigeräumt werden muss. Nicht jedes Kind hat dieselbe Aufmerksamkeitsspanne. Jeden Tag ein bisschen Kreativität kann auch glücklich machen!

Beinhaltet die Handarbeitsidee auch Farbe oder Klebstoff, dann bietet es sich an, den Basteltisch und auch die Fläche darunter mit einer Wachstischdecke zu sichern. Ziehen Sie Ihrem kleinen Bastler in diesem Fall auch einen Malerkittel über!

Filz- und Nähnadeln bieten einiges an Verletzungspotential. Es ist daher ratsam, eine feste Station für diese Werkzeuge zu vereinbaren. Es eignet sich ein Nadelkissen oder aber eine kleine Schüssel, in die Nadeln und andere Kleinteile nach der Benutzung zurückgelegt werden.

Erste Erfahrungen sammeln

Kinder können spielerisch ans Handarbeiten herangeführt werden. Ein einfaches Fädelspiel, bei dem Holzperlen auf eine Schnur aufgezogen werden, ist der optimale Start für die Allerkleinsten. Als nächste Vorübung kann das Kind eine Schnur oder Wolle durch feste Pappe nähen. Geeignete Stick- oder Ausnähkarten lassen sich schnell und kostenlos selbst machen. Einfach ein schönes Motiv auf einen Karton zeichnen und mit einer Prickelnadel Löcher entlang der Linien einstechen. Der Faden sollte nicht zu lang sein, damit er nicht so schnell verknotet. Damit er nicht ständig ausfädelt, kann er bei einer dicken Woll- oder Sticknadel am Öhr festgeknotet werden.

Experten-Tipps

Klebstoffflecken entfernen
Klebstoff auf der Kleidung bleibt beim Basteln mit Kindern nicht aus. Wenn es darum geht, die Flecken wieder rauszubekommen, haben lösungsmittelfreie Klebstoffe die Nase vorn. Sie lassen sich einfach auswaschen. Bei herkömmlichen Alleskleber hilft hingegen nur der Griff zum Spezial-Fleckentferner. Noch frische Flecken lassen sich je nach Klebstoff außerdem mit Alkohol (Spiritus) entfernen. Trockenem Klebstoff kann man auch mit Aceton, Nitroverdünner oder Ethylacetat auf den Leib rücken. Davor unbedingt immer eine Farbprobe an einer verdeckten Stelle machen!

Farbflecken entfernen
Ich achte darauf, dass ich nur Filzstifte und flüssige Farben verwende, die wasserlöslich sind. Diese Farben lassen sich aus der Kleidung auswaschen und gehen auch von der Haut wieder rückstandslos ab. Trotzdem: Die Flecken immer kurz von Hand auswaschen, solange die Farbe noch feucht ist. Bei starker Verschmutzung die Kleidung außerdem vor dem Waschen z. B. mit Gallseife vorbehandeln. Bei wasserfesten Farben, z. B. Gelstiften, achte ich darauf, dass die Kinder sie nicht unbeaufsichtigt in die Hände bekommen.

Nützliche Helfer
Wäscheklammern leisten beim Zusammenkleben von Papier und Pappe gute Dienste. Mit ihnen lässt sich die Klebestelle fixieren, bis der Klebstoff getrocknet ist, und die Hände sind währenddessen frei für neue Taten.

Löcher stopfen
Ein kurzes Schnipp-Schnapp und schon ist das Loch im Pulli drin. Die ganz kleinen Bastler müssen den richtigen Umgang mit der Schere meist noch lernen. Und bis dahin wird fleißig experimentiert - mit allen Nebenwirkungen. Doch keine Panik! Nicht jedes Loch ruiniert gleich das ganze Kleidungsstück. Oft lassen sich die Löcher unter einer dekorativen Stoff-Applikation wie z. B. einem Herz, einem Stern oder einem Schmetterling verstecken.

Grundausstattung

Für das Basteln mit Kindern braucht es nicht viel: Schere, Klebstoff, Bleistift und Radiergummi, fertig ist die Grundausstattung. Die Schere sollte kindgerecht sein und abgerundete Spitzen haben. Beim Kleben ist bei Kindern meist Klotzen statt Kleckern angesagt. Daher empfehle ich herkömmlichen Alleskleber in der Flasche oder in der tropffreien Plastiktube. Herkömmlicher Alleskleber wellt das Papier nicht und wird schnell fest. Das garantiert auch bei dick aufgetragenem Klebstoff schöne Ergebnisse und keine Unterbrechungen durch lange Wartezeiten. Er hat jedoch den Nachteil, dass er nicht auswaschbar ist und Lösungsmittel enthält. Wem diese Punkte wichtig sind, der sollte entsprechende Klebstoffe ohne Lösungsmittel verwenden.

Bastelbasics

Vorlagen übertragen

Es gibt viele Möglichkeiten, Vorlagenzeichnungen auf Papier oder andere Materialien zu übertragen. Für kleine Kinder finde ich die Schablonenmethode jedoch am besten.
Und so geht's:

1 Eine Fotokopie der Vorlagenzeichnung machen, grob ausschneiden und auf dünne Pappe aufkleben.

2 Die Vorlagenzeichnung sauber und exakt ausschneiden. Fertig ist die Schablone.

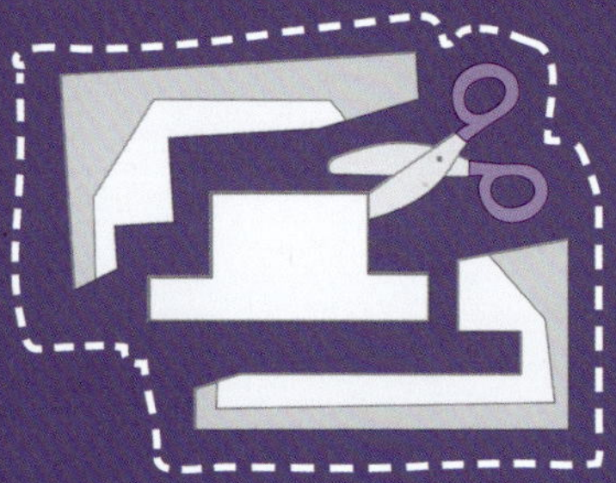

3 Die Schablone auf das gewünschte Material auflegen, mit einer Hand festhalten und mit der anderen Hand mit dem Bleistift umfahren.

4 Die Schablone abnehmen und das Motiv ausschneiden, anmalen oder wie in der Anleitung weiter bearbeiten.

Basteln mit Papier und Co.

Das Papieruniversum ist unermesslich. Es gibt Papier in allen Farben, mit allen möglichen Motiven und in unterschiedlichsten Stärken (Grammatur). Festes Schreibpapier mit einer Grammatur von 100 g/qm, Tonzeichenpapier mit einer Grammatur von 130 g/qm und Tonkarton mit einer Grammatur von 220 g/qm sind am besten für das Basteln mit Kindern geeignet. Sie lassen sich gut reißen, schneiden, falten und stanzen, und sind vielseitig verwendbar.

TIPP: Neben Papier bieten sich auch Pappteller, Papprohre, Pappbecher, Pappschachteln, Pappdosen oder andere Alltagsdinge aus Papier zum Basteln mit Kindern an.

Papier schneiden

Der Umgang mit der Schere will geübt sein. Das Schneiden haben die Kleinen meist schnell raus, aber bis zum perfekten Schnitt dauert es noch seine Zeit. Bis dahin darf man einfach keine Wunder erwarten. Meist gelingen kurze gerade Schnitte am Anfang leichter. Das kann bei der Modellwahl gut berücksichtigt werden. Rundungen, Kurven und Kreise sind für Kinder besonders knifflig. Für kleine Kreise empfehle ich daher Kreisstanzer. Das Stanzen macht den kleinen Bastlern nicht nur großen Spaß, sie erhalten auch perfekte Ergebnisse. Bei großen Kreisen kommt man dagegen nicht um das Schneiden mit der Schere herum. Nicht wundern, wenn der Kreis anfangs noch wie ein Vieleck aussieht!

Basteln mit Wolle, Filz & Co.

Schafwolle, Strickgarn, Bastelfilz und Stoff: Der Einstieg ins Handarbeiten bietet ein breites Spektrum an Erfahrungsmöglichkeiten. Handarbeiten sind jedoch nicht einfach. Da sind Knoten, Kordel und Pompon erst der Anfang. Und trotzdem braucht man hierfür schon sehr viel Fingerspitzengefühl. Dieses lässt sich bei spielerischen Bastelarbeiten mit Handarbeitsmaterialien trainieren. Mit Wolle kann gewickelt, geknotet und gefädelt werden. Schafwolle lässt sich zupfen und mit den Fingern modellieren. Bastelfilz lässt sich gut schneiden und formen. Und aus alten Strümpfen können wunderbare neue Dinge entstehen.

Pompons wickeln

Es gibt viele Möglichkeiten, um Pompons anzufertigen. Die Klorollen-Methode, die in diesem Buch zum Einsatz kommt, ist besonders gut für kleine Kinder geeignet. Das Wichtigste bei einem Pompon ist aber nicht die Technik, sondern vielmehr die Wolle, aus dem der Pompon gefertigt wird. Sie sollte leicht und flauschig sein. Garne aus reiner Wolle oder aus einem Wolle-Kunstfasergemisch sind gut geeignet. Am günstigsten ist reine Acrylwolle. Schwere Baumwollgarne liefern dagegen keine schönen Ergebnisse.

TIPP: Kinder tun sich leichter, wenn die Wolle etwas dicker ist. Dann dauert das Wickeln nicht so lange. Wenn die Wolle eher dünn ist oder wenn der Pompon meliert sein soll, können auch zwei Wollfäden gleichzeitig gewickelt werden.

1 Lege die beiden Klorollen aneinander und wickle die Wolle um die Rollen, bis du ein richtig dickes Knäuel hast. Schneide die Wolle ab und nimm einen etwa 40 cm langen Faden. Fädle den Faden zwischen den Klorollen durch, kreuze ihn auf der Unterseite und führe ihn dann wieder zwischen den Klorollen nach oben. Einen einfachen Knoten machen und fest anziehen.

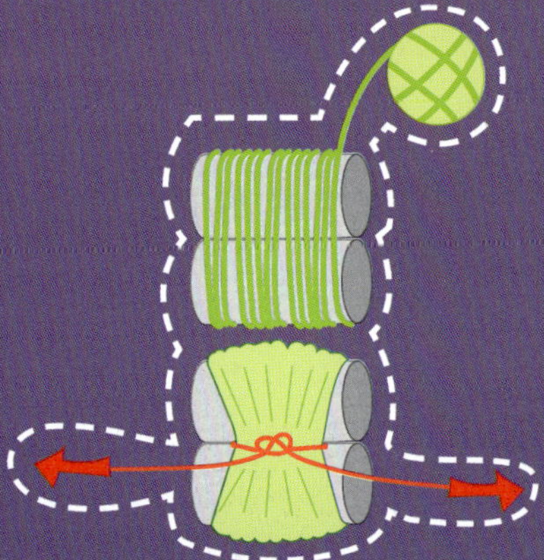

2 Entferne nun die Klorollen, ziehe den Knoten weiter fest und mach dann einen zweiten Knoten, sodass der Knoten sicher hält.

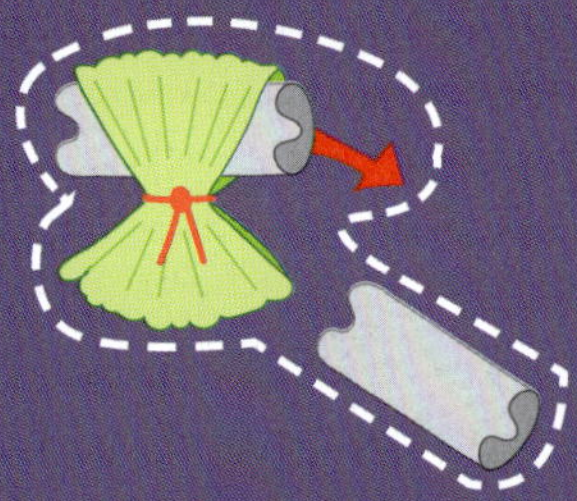

3 Nun schneidest du mit einer scharfen Schere rundum die Schlingen auf, sodass ein wuscheliger Pompon entsteht. Den Pompon mit der Schere noch weiter in Form schneiden.

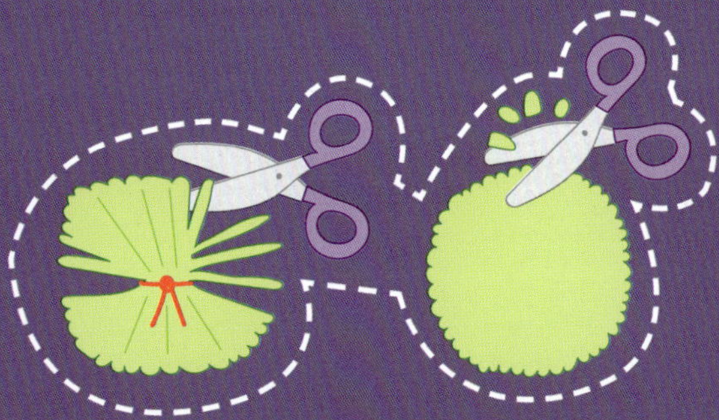

Kordeln drehen

1 Nimm ein langes Stück Wolle, lege es doppelt und verknote die losen Enden miteinander.

2 Knote das eine Ende an einem festen Gegenstand fest, z. B. an einer Türklinke. Dann gehst du ein paar Schritte zurück, sodass die Fäden gespannt werden.

3 Stecke einen Stift durch das andere Ende und lege eine Hand wie einen Tunnel knapp neben dem Stift um die Wolle.

4 Mit der anderen Hand drehst du den Stift so schnell du kannst im Kreis, wie die Rotorblätter eines Hubschraubers.

5 Wenn die Wolle dicht verdreht ist, kannst das Stiftende zum festgeknoteten Ende führen und die verdrehten Wollfäden doppelt legen. Dabei schlingen sie sich umeinander und die Kordel entsteht.

6 Mach einen Knoten in das offene Ende, damit sich deine Kordel nicht aufdreht. Fertig!

Basteln **mit** Fundsachen

Draußen in der Natur kann man bei einem Spaziergang Blätter, Zweige, Tannenzapfen, Kastanien, Steine und viele andere tolle Sachen sammeln, aus denen Zuhause wunderbare Bastelprojekte werden. Auch im Haushalt findet sich allerlei, was Kinder zum Basteln verwenden können. Muffinförmchen, Einwegbesteck, Geschenkband, Putzschwämme, PET-Flaschen, Alufolie: Alles ist zum Basteln da!
Zu beachten gibt es wenig, außer dass die Materialien nicht scharfkantig oder gesundheitlich bedenklich sein sollten.

Basteln mit Farbe, Ton & Co.

Wer kleinen Kindern zuschaut, wie sie mit Farbe experimentieren, erlebt, was für ein sinnliches Vergnügen das ist. Sie wollen die Farbe anfassen und mit ihr spielen. Kein Wunder sind Fingerfarben so angesagt. Aber auch spielerische Techniken, wie die Blubber- oder Pustetechnik (Seite 54 bzw. 58), machen Farbe erlebbar und stehen hoch im Kurs.
Damit das Basteln mit Farbe richtig Spaß macht, gibt es ein paar einfache Tricks. Kleineren Kindern bietet man die Farben am besten in kleinen Näpfen an. Dafür eignet sich z. B. eine alte Muffinbackform. Zum Malen kann man sich selbst Pinsel aus Wattebäuschen machen, die in Wäscheklammern geklemmt werden (siehe Seite 56). Am besten bekommt jeder Napf seinen eigenen Klammerpinsel, damit die Farben möglichst lange rein bleiben. Größere Kinder können die Bastelfarben aus der Flasche auf einen Pappteller geben und dort nach Wunsch miteinander mischen. Vom Teller lässt sich die Farbe leicht aufnehmen. Darum eignet er sich auch als Farbspender für diverse Drucktechniken. In einer Schale mit Wasser können Pinsel oder andere Malgeräte vor jedem Farbwechsel gereinigt werden. Auf jeden Fall sollten sie aber nach der Arbeit gut ausgespült und getrocknet werden, damit sie möglichst lange halten.

Salzteig

Du brauchst:
2 Teile Mehl
1 Teil Salz
1 Teil Wasser

1 Gib die Zutaten in eine Schüssel und verknete sie mit der Hand, bis ein geschmeidiger Teig entsteht. Sollte der Teig noch bröseln, gibst du ein ganz klein wenig Wasser dazu. Ist er zu klebrig, knetest du etwas Mehl ein.

2 Forme aus dem Teig wie beim Kneten dein Objekt und lass es ein bis zwei Tage an der Luft trocknen. Dann schiebst du den Salzteig bei 100 °C in den Backofen und lässt ihn aushärten. Auf dem Backblech auskühlen lassen.

TIPP: Salzteig lässt sich nach dem Trocknen wunderbar bemalen. Er muss also nicht unbedingt eingefärbt werden. In einer luftdichten Dose oder in einem Gefrierbeutel verpackt, kann Salzteig einige Tage im Kühlschrank aufbewahrt werden.

VORLAGEN

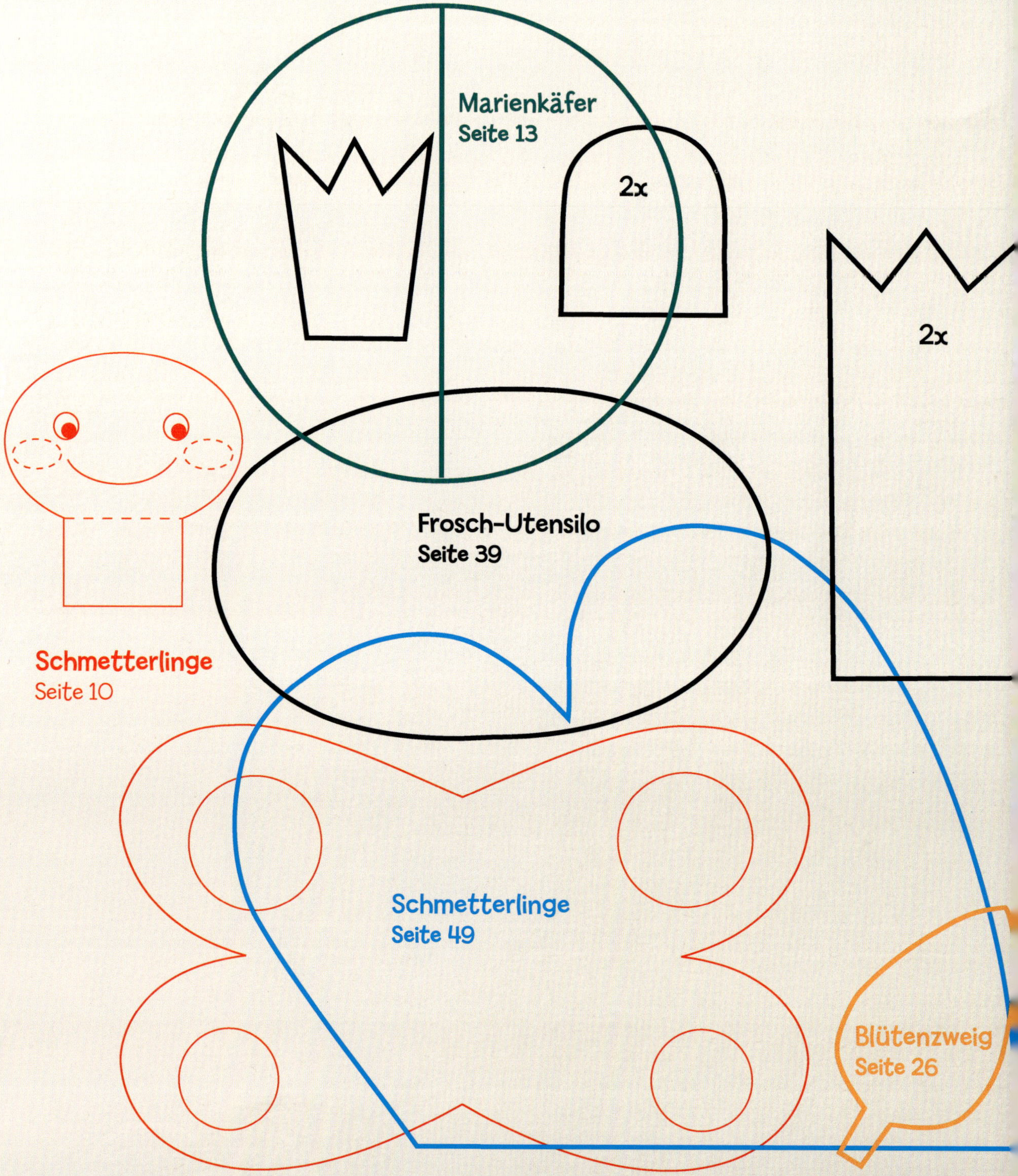
Marienkäfer
Seite 13
2x
2x
Frosch-Utensilo
Seite 39
Schmetterlinge
Seite 10
Schmetterlinge
Seite 49
Blütenzweig
Seite 26

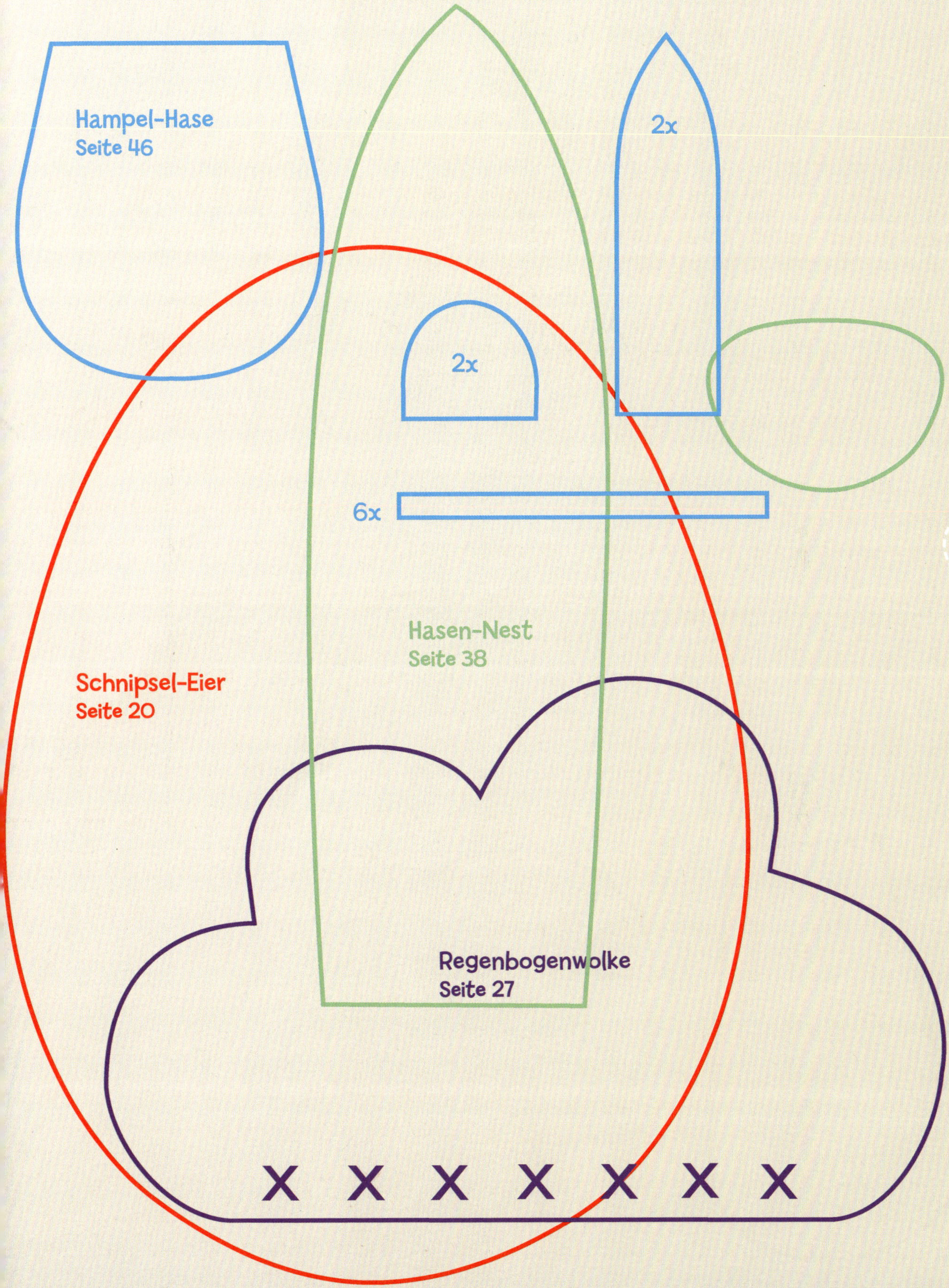

Hampel-Hase
Seite 46
2x
2x
6x
Hasen-Nest
Seite 38
Schnipsel-Eier
Seite 20
Regenbogenwolke
Seite 27
X X X X X X X

Faden-Bienchen
Seite 28

2x

2x

Watte-Schaf
Seite 40

Hasen
Seite 15
Girlanden
Seite 21
Kücken
Überraschungsei
Seite 48

#TOPPPROJEKT

Die eigene Kreativität zeigen: TOPPprojekt mit anderen Kreativen teilen und Teil der Gemeinschaft werden.

DIY-begeistert und auf Instagram? Dann unbedingt mitmachen! Hier gibt's Tipps und Feedback zu den eigenen Projekten. Außerdem verlosen wir jeden Monat ein Überraschungspaket. Um am Gewinnspiel teilzunehmen, einfach ein Bild vom Kreativ-Projekt aus unseren Büchern mit #TOPPprojekt posten und unserem Account @frechverlag folgen. Mehr Infos auf TOPP-kreativ.de/TOPPprojekt

Website
Auf TOPP-kreativ.de kannst du ein riesiges Angebot von über 1.000 Kreativbüchern, Sets & mehr entdecken.

Newsletter
Gleich anmelden unter: TOPP-kreativ.de/newsletter und immer als Erstes von unseren Neuheiten und Sonderaktionen erfahren.

Instagram
@frechverlag

Pinterest
pinterest.com/frechverlag

Facebook
facebook.com/frechverlag

DigiBib
Hier findest du zusätzlich zu vielen unserer Bücher digitale Extras, wie Video-Tutorials, Plotter-Dateien, Vorlagen, Übungsblätter & vieles mehr. Einfach im Impressum deines TOPP-Buchs den Freischalte-Code nachschlagen und exklusive Inhalte freischalten. TOPP-kreativ.de/digibib

Youtube
youtube.com/frechverlag

Susanne Pypke arbeitet als freie Lektorin und Kreativ-Autorin im Stuttgarter Westen. Ihre Leidenschaft für das Selbermachen hat sie schon früh entdeckt. Nichts war schöner, als an Regentagen zu basteln, in Mamas Nähkästchen zu kramen oder die Gerätschaften in Papas Werkstatt auszuprobieren. Ihr Können setzt sie bis heute in zahlreichen DIY-Projekten um. Ein kleiner Ausschnitt davon ist auf ihrem Kreativblog fraeuleinfloh.blogspot.de zu sehen.

impressum

Modelle und Schrittfotos: Susanne Pypke
FOTOS: frechverlag GmbH, 70839 Gerlingen; lichtpunkt, Michael Ruder, Stuttgart
ILLUSTRATIONEN: schwab:illustrationen
PRODUKTMANAGEMENT: Sarah Ulmer
LEKTORAT: Sarah Ulmer, Jessica Cremer
COVERGESTALTUNG: Melanie Herrmann
HERSTELLUNG: Konstanze Laue
SATZ: Fotosatz H. Buck
DRUCK UND BINDUNG: NEOGRAFIA a.s.

MIX
Papier | Fördert gute Waldnutzung
FSC® C020353
Penguin Random House Verlagsgruppe
FSC® N001967

1. Auflage 2023

ISBN 978-3-7358-9064-1 • Best.-Nr. 29064

Unser Service für Sie:

Wenn Sie Fragen zu den Anleitungen in diesem Buch haben, schreiben Sie einfach eine E-Mail an: mail@kreativ-service.info oder rufen Sie uns an unter: 0711 / 123 757 20*.

– wir helfen Ihnen gerne weiter!

*normale Telefongebühren